A Century of Constitutional Reform
By Philip Norton
ISBN:9781444338942 / 1444338943

著作权合同登记号
图字：01-2020-4268

译者简介

刘练军

法学博士，东南大学法学教授、博士研究生导师，东南大学法学院学术委员会副主任，东南大学党内法规研究中心主任，东南大学人权研究院秘书长。英国牛津大学访问学者。发表学术研究论文 100 余篇、评论文章 90 余篇。主要作品有《消极主义：宪法审查的一种哲学立场》《司法要论》《法治的谜面》《公法上的姓名权》等。主持国家社科基金重点及一般项目、教育部人文社科基金项目等 10 余项。

撰稿人简介

克里斯·巴林根（Chris Ballinger）

牛津大学女王学院博士，论文研究 1911 ～ 2000 年由政府推动的上议院改革。2001 ～ 2006 年，任牛津大学布雷齐诺斯学院（Brasensoe College）政治学讲师；2004 年，担任上议院选举委员会有关宪法改革法案的专家委员，并在澳大利亚参议院任访问研究员（visiting research fellow）。已发表的作品涉及英国和欧洲选举、首相（总理）和宪法改革领域，自 2001 年起，一直是英国广播公司牛津地区（BBC Oxford）的选举分析专家。目前在牛津大学社会科学部门担任高级研究负责人。

罗伯特·布莱克本（Robert Blackburn）

伦敦国王学院宪法学教授和当代史研究所（Institute for Contemporary History）所长。出版《不列颠的选举制度》（*The Electoral System in Britain*，1995 年）、《议会会议》（*The Meeting of Parliament*，奥尔德肖特，1990 年）、《宪法改革》[*Constitutional Reform*，与雷蒙德·布兰特（Raymond Plant）合编，1999 年] 和《国王与国家》（*King and Country*，2006 年）等众多有关议会事务的著作。学术期刊有关议会问题文章的常见撰稿人，最近为《公法》（*Pulic Law*）杂志撰写了《解散议会的特权：法律、实践与改革》（The Prerogative Power of Dissolution of Parliament：Law，Practice，and Reform）和《2010 年大选结果与保守—自由民主党联合政府的形成》（The 2010 General Election Outcome and Formation of the Conservative-Liberal Democrat Coalition Government）两篇文章。经常受邀对议会事务提供专家意见，如在 2010 ～ 2011 年会期为上议院宪法委员会和公共政治与宪法改革委员会就政府投票和议会改革提供建议。两本有关议会理论与实践的重要作品之作者，即《格里菲斯和赖尔论议会：

功能、实践与程序》［*Griffith & Ryle on Parliament*：*Functions*，*Practice and Procedures*，第二版，与A. 肯诺（A.Kennon）合编，2003年］和《霍斯波利英国法大全》（*Halsbury's Laws of England*，第五版，2010年）“议会”卷。议会研究团体会员和前学术秘书长，皇家历史学会会员。

大卫·费尔德曼（David Feldman）

剑桥大学罗斯·波尔（Rouse Ball）英国法教授，剑桥大学唐宁学院（Downing College）研究员，2010～2011年任法律学会（Society of Legal Scholars）会长。毕业于牛津大学艾克赛特学院，曾在布里斯托尔大学、伯明翰大学和澳大利亚国立大学任教。2000～2004年，担任议会人权联合特别委员会首席法律顾问；2002～2010年，担任波斯尼亚和黑塞哥维那宪法法院法官（2006～2009年任副院长）。被任命为女王的荣誉法律顾问，当选为英国社会科学院院士和欧洲公法学会会员，并在墨尔本大学（Miegunyah杰出访问研究员，2006年）和诺丁汉大学（J.C.Smith高级访问学者，2010年）取得访问资格。作品主要涉及的领域有宪法、比较公法、公民自由与人权、行政法、刑事程序法和救助法。

亚历山大·凯尔索（Alexandra Kelso）

南安普顿大学政治学讲师。《威斯敏斯特的议会改革》（*Parliamentary Reform at Westminster*，曼彻斯特，2009年）作者，2010～2012年担任ESRC资助的研究项目的重要调查员，审查下议院部门遴选委员会制度。

菲利普·诺顿（Philip Norton）

赫尔大学政府学教授和立法研究中心主任。出版 28 本著作，其中有《变动中的宪法》（*The Constitution in Flux*，牛津，1982 年）、《下议院展望》（*The Commons in Perspective*，牛津，1981 年）、《英国政治中的议会》（*Parliament in British Politics*，贝辛斯托克，2005 年）、《英国政治制度》（*The British Polity*，第五版，哈洛，2010 年），［与比尔·强森（Bill Jones）等人合作］《英国政治学》（*Politics UK*，第七版，哈洛，2010 年），以及三卷本的《西欧的议会》（1998–2002）［*Parliaments in Western Europe*（1998–2002）］。《立法研究》（*The Journal of Legislative Studies*）杂志编辑，同时担任政治学会会长、政治研究会副会长、国际政治科学研究会立法专家研究委员会共同主席。1998 年，被授予贵族头衔，成为劳斯郡诺顿勋爵（Lord Norton of Louth），并成为上议院宪法问题遴选委员会首任主席。主持 2000 年报道的保守党强化议会委员会。除了在上议院多个委员会任职外，还经常受邀到议会两院及其他立法机构的委员会提供论证。

巴里·K. 温卓卜（Barry K. Winetrobe）

议会和宪法顾问。汗萨德学会（Hansard Society）和英国议会研究会会员，在下议院和苏格兰议会研究机构工作多年，担任高级研究员。在多所大学教授公法、政治学及相关学科，近期担任爱丁堡纳皮尔大学法学讲师，并一直在伦敦、爱丁堡和加迪夫地区的数个议会委员会担任专家证人。

总　序

一

英国作为世界宪政的母国，尽管迄今仍未有成文的宪法典，但为现代宪法制度开天辟地，夯土奠基。历史上那一幕幕政治大戏，铺陈了生生不息的宪制演进，成为宪法文明的源头活水。

1215 年的《大宪章》被誉为世界宪政史的起点。这份旨在保护贵族利益的契约性文件，虽昙花一现便沦为权力的俘虏，但前所未有地确认了一些法治原则，王权应受法律制约的理念得以彰显。这种现代法治常识在 800 年前无异于闪电划破夜空，点亮现代政治文明的烛火。《大宪章》还昭示着王权的“神圣”。纵使国王不得人心，贵族愤懑，却没有想“彼可取而代之”，而是维护传统政制合法性，杜绝了诸侯逐鹿的秩序坍塌，为发展至今的英国宪制奠定底线共识。

当年的贵族势力敌不过王权。自1485年都铎王朝开始，君主专制渐趋成型。直到查理一世专权独裁，不可一世，在风起云涌的大变革时代，仍固守专制政体，不愿和议会妥协，错失君主立宪之良机，终致人头落地，王权瓦解。向以保守著称的英吉利竟也陷入“城头变幻大王旗”的战争哀歌。

皇家无小事。亨利八世遭遇婚姻变局，遂祭起宗教改革的大旗，政治改革乘兴而起。1534年《王位继承法》《至尊法案》《叛逆法案》的颁布，完成了英格兰和罗马教廷的分离。国王陛下取代教皇，成为英国教会在尘世间的最高元首，集圣职和俗务于一身，政教合于一体。《大宪章》宣告的王权有限早已杳无踪迹。君权源自天命，上帝之下，万人之上。“国王创造法律”，而非“法律创造国王”。除了脱离罗马教廷，宗教改革对英国国内政治亦有影响。教士垄断国家高级职位的局面被打破，重要职务开始由俗人担任。英格兰作为一个民族国家，从中世纪教会的桎梏中走出，政治世俗化。议会在处理国家、教会事务中，获得了新的生命力，成为英国政治中不可或缺的部分。

权力往往是残忍的。驯服桀骜的君主绝非易事，议会在和王权的斗争中尚还年轻。小小岛屿上，内战、共和、复辟和革命轮番登场。历史还需要等待下一次机会。

二

血流成河的暴力革命让各方力量逐渐意识到刀光剑影中没有胜者，谈判和妥协才是出路。于是，有了 1688 年的“光荣革命”。君主大位得以保存，但需遵照“王在议会”“王在法下”的原则。宪政史上的议会至上浮出人间。绝对君主制开始受到限制，并让位于议会制。议会立法高于王权。国王不再高居法律之上，而是屈居法律之下，“虚君立宪”的政治体制渐次确立。

权力从国王转向议会，议会掌握了国家最高权力，无所不能。除了议会自己，任何部门都无权判决议会立法无效，法官概莫能外。绵延数百年之久的普通法宪制让位给议会至上的新宪制。议会主权不仅取代国王大权，还攫取了普通法法官的规则创制权。

相比于代议制政府来说,责任内阁制更显英国宪法的贡献。议会主权的落实最初还需仰仗国王及其亲信大臣。国王既是国家象征,又是行政首脑。罗伯特·沃波尔爵士(Sir Robert Walpole)1721~1742 年领导辉格党内阁,集第一财政大臣与首席部长于一身,并亲自坐镇下议院,成为行政与立法的“中介”,沟通了国王与议会,被后世称为第一位首相。内阁制初现端倪,行政权力开始从王室向内阁阁魁转移。

宪法制度的稳固为英国工业革命提供了制度动力和坚固保障,助力英格兰在 18~19 世纪大国崛起,击败法国,取代西班牙,夺取世界霸权,成为“日不落帝国”。

三

第二次世界大战的硝烟伤了帝国元气,英国国力日渐式微,国际民族运动蓬勃兴起,昔日殖民地纷纷独立,大英帝国土崩瓦解,取而代之的是大不列颠及北爱尔兰联合王国。

为防止欧洲大陆再次沦为纳粹主义和国家社会主义的俘虏,诞生了《欧洲人权公约》,英国于 1951 年加入。虽然《欧洲人权公约》并非高于国内法的秩序规则,并不直接在英国法院适用,但是,《欧洲人权公约》的生效,意味着英国开始承认接受国际义务的制约,英国宪法不再只是国内法,而是包括了《欧洲人权公约》在内的国际法。

《欧洲人权公约》对民主、自由的强调,推动了英国普选权的落实以及对公民权利的保护。虽然该公约的具体内容直到1998 年才被写进英国人权法,但法官在司法实践中屡屡引用该公约规定解释国内法,填补普通法漏洞。更重要的是,1966 年英国承认《欧洲人权公约》中的个人申诉机制后,英国公民可以向欧洲人权法院控告英国政府。英国公民三番五次地将英国政府告上了欧洲人权法院。宪制主权的概念随之发生变化。

《1998 年人权法》旨在"把权利带回家",将《欧洲人权公约》中大量实质性条款引入国内法,使公约精神在英国法律中得以落实。人权法要求内阁向议会提交法案时审查其是否与《欧洲人权公约》相一致,法院应尽可能按照与《欧洲人权公约》相一致的原则解释议会立法,如果无法作出相一致的解释,可以发布"不一致"宣告。"不一致"宣告并不导致法律无效,固然维护了议会至上,但法院作出的"不一致"宣告,犹如当头棒喝,令内阁和议会都将承受政治生命中无法承受之重。事实上,法院作出“不一致”宣告的法律,都被议会和内阁作了修改。虽然议会还掌握着最终话语权,但在保护人权的议题上,法院的制衡色彩愈加明显。

1973 年,英国加入欧共体,因涉及对议会和国家主权的限制,被誉为“数世纪以来最重大的宪法事件”,不仅颠覆了联合王国的宪法,还有可能颠覆王国自身。为此制定的《欧共体法》成了欧盟法和英国国内法之间的“管道”,即欧盟条约上的权利义务不经英国议会确认直接成为英国国内法的一部分,其效力高于英国国内的其他法律。议会不再是国内法的唯一制定者,欧盟机构分享了部分英国法的制定。2009 年,欧共体结束,欧盟接替。欧盟和英国议会共享主权的事实继续存在。

20 世纪末贵族院改革,大幅减少世袭贵族,改由任命产生。虽仍称贵族院,但议员非因身份高贵,而在术业有专。身份的变化,让贵族院议员更有政治底气,敢于向政府议案说不。微妙的变动推动着议会两院权力的重构。未来贵族院将如何改革,尚未有定论,但致力于打造一个“更加民主和更具代表性”的贵族院成了不可逆转的潮流。

1975 年,为决定是否留在欧共体,英国首次举行了全民公投。议会主权开始受到大众民主的制约。直接民主正在成为代议制民主的补充。虽然理论上议会仍然可以置公投结果于不顾,但在政治上显然不是明智之举。当下的“脱欧”进程正能说明一切。

自加入欧共体以来的系列宪法改革,塑造了完全不同于戴雪笔下的宪法,并正推动着英国宪法迈向一个过去不曾预料的方向。

四

2016 年 6 月,51.9% 的选民在公投中支持脱离欧盟。2017 年《欧盟(通知退出)法》通过,拟将现有欧盟法律转换为国内法,为英国“脱欧”做法律准备。纵有万般纠葛,英国已走上“脱欧”的不归路。繁杂的政治、法律、经济等议题,不过是表明“分手”容易“离婚”难。但正如当初加入欧盟一样,脱离欧盟也必将在一定程度上塑造着英国的宪法。

英国宪法是流淌的文字。国家政治、经济、民族、文化发展过程中的重大且根本性问题,都在书写着英国的宪法。诚如智者所言,英国宪法每天都在变。政制中发生的都是宪法,即便什么也没有发生,那也是宪法。但这些变化中能称为宪法的规范还是清晰可辨,从集权走向分权是宪制变迁的主旋律。

国王、议会、司法、内阁、欧盟、公投,权力下放地方,把原本由一人独享的至高王权一步步拆分为多重力量的相互制衡。国家治理不再是白金汉宫或威斯敏斯特的权谋,而是"飞入寻常百姓家",愈加凸显"我们人民"的政治力量。

这种长于历史的宪法,赋予英国宪制以神秘性,增加了他国临摹的难度,却为研习者提供了无尽的素材和无休止的乐趣(苦恼)。

五

近百年前,开眼看世界的华夏先哲已经注意到英国宪制的魅力,并致力于译介工作。雷宾南译的戴雪名著《英宪精义》是该领域的扛鼎之作。历史峰回路转,中国终于踏上全面推进依法治国的征程。在此背景下,依托中国政法大学制度学研究院,接续先贤,为这伟大豪迈的事业添柴加薪,组织策划"英宪精义"丛书,译介英国宪制研究的精品。

本丛书以翻译英国宪法学界最新研究成果为主,注重对某个领域的精深研究,同时保持一定的开放性,既吸纳英国宪法史上的经典之作,也将适当考虑国内同仁的英宪作品。寄希望于推进对英国宪法的深层研究。

本丛书出版仰赖中国政法大学制度学研究院科研资助,幸得法律出版社法治与经济分社支持,一批青年学者勠力同心,在这个“不发表就出局”的时代,不计报酬,不求绩效,倾心译事。凡此奉献精神,皆令人感念至深。

期待学界同仁能不吝珠玉,在本丛书选题、翻译质量等方面直言不讳,共助这份微小但并非无价值的事业。

2020 年 5 月 16 日于北京

译者前言

本书是多年前我在英国牛津大学访学时翻译的，如今终于正式出版面世了。一项中断多年的工作得以了结，几丝欣喜在心头轻拂而过，此等不热烈、不忧郁的感觉甚好。作为译者，我主要想在此交代一下翻译的缘起及出版过程，并就本书涉及的英国宪制历史略作评介。

在牛津大学的半年里（2013 年 9 月至 2014 年 3 月），我主要是在博德利法律图书馆（Bodleian Law Library）度过。最开始是在那里信手翻阅一些馆藏的宪法学书籍，但这样漫无目的地随机阅读，阅后即忘，收效甚微。于是，我决定认真挑选一本精读，并将之翻译成中文，这样或许可以真的学到点理论知识，至少有看得见的"成果"。挑本什么宪法学原著来精读并翻译出版呢?

经反复考量,我确定了两个挑选原则:一是必须是英国人写的有关英国宪法学的著作;二是书不能太厚。根据这两项原则,我最后选择了本书——*A Century of Constitutional Reform*。本书由当代英国宪法学者诺顿(Philip Norton)教授主编,是一本有关英国宪法百年变迁的小册子,只有117页,完全契合我所定的两项挑选原则。

本书主要讲述的是20世纪英国最重要的6部法律的产生过程。这6部法律分别是《1911年议会法》《1918年人民代表法》《1972年欧共体法》《1998年人权法》《1998年苏格兰法》《1999年上议院法》。之所以把此6部议会立法认定为"最重要的",是因为此等法律直接或间接调整甚至翻转了英国政治组织的构造及运行,对英国宪制的影响是全面而又深远的。单从此等议会立法的名称上看就不难推断,保守的英国人喜欢"一事一议"的渐进式改革方式,不像法国那样偏好"推到重来"的革命式行事风格。美国学者豪古德曾说:"法、英两国在宪政上的进程,大体上可以说是殊途同归,法国的步调是有时跃进,有时后退，而英国则按部就班，不动声色地缓步徐进。”[1]不能不说，此等评论切中肯綮，对英国宪制形成特征之洞察至为深邃。

历史事实证明，保障自由的国家治理架构乃是英格兰民族对世界文明最伟大的贡献。英国议会(巴力门)是世界各国议会之滥觞，英国宪法政制堪称人类宪制的实践源头。而英国宪制的一个明显特征就是，在没有成文宪法的情况下，其宪法性法律是间隔性地一部接着一部来制定和实施的。代议民主、议会至上、限制王权、法律主治、司法审查、越权无效、程序正义、人权保障等英国宪制的核心内涵，都是借助不同时期制定的法律一点一滴地实现的。例如，在 17 世纪，英国就颁布了一系列奠定君主立宪政体的法律，如 1628 年议会通过《权利请愿书》，进一步巩固了 1215 年《大宪章》确认的各项限制国王权力的制度；1679 年签署了《人身保护法》，重申了正当法律程序，确立了司法权的独立性；1689 年英王威廉三世接受议会的提议，颁布了《权利法案》，确立了议会至上的宪法原则；1694 年制定《三年选举法》禁止国王恣意解散议会，规定每届议会最长三年，每三年必须进行一次议会选举等。

---

[1] [美]豪古德：《现代宪法新论》，龙大均译，中国政法大学出版社 2004 年版，第 345 页。

毋庸置疑,本书讨论的6部法律,除《1972年欧共体法》外,其他5部法律实际上都是17世纪颁布的这些法律的更新换代。当然,英国通过普遍立法的宪制变迁模式在21世纪还在继续。最典型的是,经过布莱尔政府(1997年5月~2007年5月)的努力,《2005年宪法改革法案》在英国议会两院终获通过。根据该改革法案创设的英国最高法院,终于在2009年10月1日挂牌"营业"。英国司法有长达几个世纪的璀璨历史,在控制政府公权、捍卫公民私权方面留下了无出其右的光辉记录,但直到21世纪其司法终审权才最终从议会上院手中"解放"出来。英国议会主权的坚韧程度超乎人的想象。

作为一本回顾英国20世纪6部立法形成过程的宪法史著作,本书对于我国宪法学界的参考价值或许有限。然而,对于深入了解英国的不成文宪法制度,以及英国议会20世纪所经历的发展嬗变,本书的参考价值自然毋庸置疑。"魔鬼在细节"这个谚语,同样适用于对英国宪制的观察与诠释。本书重点介绍了6部法律从动议到草案形成再到条款文字修订的各个细节过程,虽然有些地方难免过于琐细,但正是从立法过程中英国各个政党、各位议员及社会公众的立场及其言辞交锋中,我们可以发现,它们的每一部宪法性法律,一方面是各方利益妥协的结果,另一方面也是真正凝聚各方智慧的产物。其中折射出来的经验主义思维和改良主义立场,颇值得吾国吾民深思。正因如此,本书的阅读价值不容小觑。相信通过慢慢品味本书散发出来的立法细节魅力,读者会有“润物细无声”的感悟与收获。

本书主编诺顿先生,是政治学博士出身,英国赫尔大学教授,系英国声名卓著的议会研究专家,他就英国议会及议会制度比较研究做了大量工作,出版相关著作30余部。其杰出的研究成果使他在1998年获得了勋爵头衔,并进入英国议会上议院,担任上议院宪法专职委员会主席。诺顿的著作不但已经有中文版,而且他还指导过中国学生,其代表作之一 *Parliament in British Politics* 就由其中国学生严行健博士翻译成中文。[1] 有兴趣的读者可以翻翻诺顿著作的中文译本,在此就不再赘述。

在每个民族国家的文明兴起之初,是语言塑造着他们的文化,到后来则是文化左右着他们的语言,没有相应的文化,自然就没有与之配套的语言。在本书的翻译过程中,我遇到了不少英国政治史上特有的词汇,而且难以找到相对应的中文。比如,在主编诺顿的引言第二段就出现了一个短语“a whig

---

〔1〕 参见[英]菲利普·诺顿:《英国议会政治》,严行健译,法律出版社2016年版。

interpretation of history”,这里的“whig”就没有对应的汉语,只能音译。更为关键的是,音译结果同样难以理解,需要进一步解释。为此,笔者曾通过邮件向诺顿先生的秘书莎莉女士(Sally A. Clark)请教,[1]她在邮件中是这样解释的:“Regarding the word ‘Whig’—historically it was a member of the political party that aimed to subordinate the power of the crown to that of parliament (in the 1600s). In the 19th century the Whigs were succeeded by the Liberal party.”大意是说,历史上辉格(Whig)是一个政党,该政党的目标是使王权从属于议会的权力(在17世纪初)。在19世纪,辉格党变为自由党(被自由党所取代)。

然而,此等解释只是介绍了历史,仍然无助于这个短语的中译本理解。所幸,校对者李松锋博士用一个注释为我们解了这个“惑”,其辞曰:“辉格党式的历史阐释(whig interpretation of history)是英国历史学家巴特菲尔德首先创用。19世纪初期,

---

[1] 联系莎莉女士的最初目的是想获得其此书的中文翻译出版授权,但几个回合的邮件往来始终未能取得书面的授权。莎莉女士多次说努力联系授权事宜,可到我访学结束时都未搞定,英国人的办事效率并没有想象得那么高。我总体的感觉是,英国这样一个资源贫乏的国度之所以能成为高度文明的发达国家,主要是拜其最早创建的法治制度所赐,就个人的聪明与勤奋而言,中国人未必比英国人差。简言之,对于一个国家乃至个人来说,法治制度才是王道,其他因素唯有借助于法治制度才能转化为推动进步的真正动力。

一些辉格党历史学家从辉格党利益出发,用历史作为工具来论证辉格党的政见,依照现在来解释历史。具体分析可参见[英]赫伯特·巴特菲尔德:《辉格党式的历史阐释》,李晋译,生活·读书·新知三联书店 2013 年版。”这样一解释就豁然开朗了。

老实说,这次出版校对时,我都没有想到要通过文献检索来对这个短语进行解释。由此可知,作为校对者,李博士是相当认真负责的。这也证明,我邀请松锋博士担任校对工作的决定不只是正确的,简直是英明的。松锋博士有相当丰富的英文宪法作品翻译经历,其代表性的英美宪法译著有《新英国宪法》《美国宪法中的政教关系》《民主的宪法》等。当然,松锋博士的认真负责不仅仅体现于这样一个脚注上,对于我的译文他差不多每段都有或多或少的修订。对于他所有的修订,本人一概采纳。不过,需要声明的是,对于译文中可能存在的错误,一概由我承担。

本书一开始是打算在知识产权出版社出版,后经李松锋博士推荐,纳入李树忠教授主编的“英宪精义”由法律出版社出版。特别感谢李松锋博士的推荐,感谢李树忠教授的鼓励。

本书书名直译为《一个世纪的宪法改革》,现将之意译为《英国宪法百年经纬》。在书名意译的问题上,知识产权出版社的庞从容编辑给予了良好建议,谨致谢忱。东南大学法学院本科生廖婧文同学(现为中国政法大学硕士研究生)曾利用寒假时间认真审读了我最初的译本,指出了诸多漏译及误译之处,对于她的辛苦付出,我深表感谢。研究生陈蓓同学根据出版社的要求将引文性注释的原文进行了录入,感谢她的付出。法律出版社法治与经济分社社长沈小英女士与责任编辑刘晓萌女士为本书的出版做了大量工作,非常感谢她们的耐心与细心。

最后,要特别感谢英国牛津大学社会—法律研究中心(Centre for Socio-Legal Studies)的马丽娜·科琦燕(Marina Kurkchiyan)博士,没有当年(2013 年)她同意我的访学申请,我就不可能有一段奇妙的英国之旅。英国访学之旅及此书的翻译,都是我人生中非常宝贵的一段经历,对于促成这段经历的所有人和事,以及在英国所经历一切,我始终心怀感激。

刘练军

2019 年 8 月 28 日,初稿于南京

2022 年 2 月 17 日,定稿于杭州

目　录

引言:一个世纪的变革 1

菲利普·诺顿

由于英国缺乏成文宪法,没有额外的正式修宪制度,变革都是通过议会达成的。自《1911 年议会法》(Parliament Act 1911)通过以来,20 世纪已见证了重要的宪法变革。制定出来的政策措施已经对国家宪法架构核心部分的基本关系造成了影响,包括议会两院之间的关系、议会与人民之间的关系、国家与个人的关系、英国与世界其他地区的关系,以及英国中心与其余地区之间的关系。1997 年之前制定的政策措施本质上是为了回应特定挑战制定的个别法律。1997 年之后则是积极主动且大规模的立法,实质上改变了宪法的外形轮廓。尽管改变很大,但这些措施都没有内在联系,彼此分离,不能归纳到统一的哲学框架之中。虽然它们的主要目标实现了，但不是所有措施都产生了预想的效果。本文就探讨这段时期制定出来的一些重要措施。

关键词：宪法　欧盟　下议院　上议院　人权　立法　议会　全民公投

正如约翰·斯图亚特·密尔(John Stuart Mill)所说，宪法“是人的作品……人不可能在某个夏天的早上一醒来就意识并发觉宪法已经生长出来”。[1] 宪法不会凭空出现，自1787年美国联邦宪法诞生以来，宪法作为一部具体明确的法典，大都是有意制定的产物，旨在确立国家机构，国家机构与国家机构之间以及国家机构与人民之间的关系。[2]

英国宪法与众不同，尽管并非独一无二，但它缺乏那样一种成文法形式，没有确定的产生时间。它已经演化发展了几个世纪。[3] 英国宪法的演变有时是个痛苦的过程，其发展变幻莫

〔1〕 JS. Mill, *Representative Government*(1968), 177(first published 1861).

〔2〕 Philip Norton, *The Constitution in Flux*(Oxford, 1982), 3.

〔3〕 关于它演化发展的关键性时刻点，可参见 Elizabeth Wicks, *The Evolution of a Constitution*(Oxford, 2006)。

测,不可能采取一种辉格党式的历史阐释。* 宪法一直在改变,有时是戏剧性的,这种改变源于特定个体的欲望或他们之间的冲突。如果查尔斯一世(Charles Ⅰ)和其儿子詹姆斯二世(James Ⅱ)有更多的诚意去妥协,或者如果查尔斯一世的军事指挥官更富有效率,那可想而知宪政史的发展之路会大为不同。尽管经历了动荡巨变,包括试图去建立共和国和制定成文宪法,但是,"英国政治变迁展现了从中世纪以来的连续性",〔4〕并一 2
直能适应和满足王国变迁与发展的需要。英国已经形成了独特的议会制政府,尽管这个体制本质上以英国人的支配和规范为前提。〔5〕

宪法在寿命和形式两个方面所呈现出来的本质属性,已经为它顺应变革创造了条件。它缺乏成文宪法形式以及伴随而来的特别修正机制。在什么是和什么不是宪法的核心组成部

---

* 辉格党式的历史阐释(whig interpretation of history)是英国历史学家巴特菲尔德首先创用。19世纪初期,一些辉格党历史学家从辉格党利益出发,用历史作为工具来论证辉格党的政见,依照现在来解释历史。具体分析可参见[英]巴特菲尔德:《辉格党式的历史阐释》,李晋译,生活·读书·新知三联书店2013年版。——校订者注

〔4〕 Kenneth Dyson, *The State Tradition in Western Europe*(Oxford, 1980), 38.

〔5〕 Philip Norton, 'The Englishness of Westminster', in *These Englands*, ed. Arthur Aughey and Christine Berberich(2011).

分方面,它没有清楚的或正式的分界线。宪法之所以能够长存下来,主要是得到了政治文化上的支持,部分是因为如迈克尔·福利(Michael Foley)所说的"宪法未定"(constitutional abeyance)——默认了宪法的模棱两可之处,以作为化解冲突的手段。[6] 某种程度的模棱两可能使宪法适应时代的要求和不断进化的智慧。[7] 因为无须通过宪法会议正式的修订程序,变革显得相当便利,行为规则尽管不具有法律效力,但人民为了使这个体制运转起来而坚持遵循其指引。[8] 它们构成了宪政机器上的润滑油。唯有当宪政机器出现故障或抛锚,才会提起正式的改变。

宪法业已经受了考验,是因为它具有适应变革的能力。没有特定正式的修宪形式,意味着变革只能通过立法程序进行,就像本国修改刑法和民法那样,采取较小的变革程序。宪法规定了议会制政府体制,此等体制使任何掌控议会多数的人都可以根据其愿望实施变革成为可能,这个人可以是国王也可以是政

---

〔6〕 Michael Foley, *The Silience of Constitutions*(1989).

〔7〕 See Philip Norton, Speaking for the People: A Conservative Narrative of Democracy, *Policy Studies*(2011).

〔8〕 See Geoffrey Marshall, *Constitutional Conventions*(Oxford, 1984).

党。英国最主要的宪法发展史都可以在议会议事录中找到,尽管这里并非宪法发展史的唯一来源。

通过议会,不少重要的宪法改革业已实现。19 世纪的宪法改革包括从根本上改变国王、议会与人民之间的关系,特别值得一提的是 3 个改革法即 1832 年、1867 年和 1884 年的人民代表法,以及其他涉及下议院议员资格和反腐败的改革举措。20 世纪初,国王在政治体制中依然占据主导地位,内阁依赖君主的信任;20 世纪末,政治体制受下议院掌控多数席位的政党支配。内阁不再是一个人的选择,而是几百万人投票的结果。事实上,1832 年法律打开了民主体制的大门。[9]

1688 ~ 1689 年的光荣革命确认了议会至上原理——法院要受"王在议会"(the queen-in-parliament)所发布的法律约束。1885 年 A. V. 戴雪(A. V. Dicey)对此作过经典的表述。[10] 正如 H. W. R. 韦德(H. W. R. Wade)所言,司法服从议会至上原理

---

〔9〕 Wicks, *The Evolution of a Constitution*, 79 - 80.

〔10〕 A. V. Dicey, *An Introduction to the Study of the Law of the Constitution* (10th edn, 1959), 39 - 40.

3 是“整个立法体制紧抓不放的一个基本政治事实”。[11] 这种基本政治事实尽管经常面临持续不断的反对声音,但为今天政党主导的政府对英国的宪法架构进行修改提供了基础。议会制度使反对党的声音可以被听见,但它也使政府(通常是,如果意志坚决的话)可以绕道而行。

20 世纪初叶,英国政府所面对的最重要的变化之一是,议会两院之间的斗争进入了极盛时期,它表现在多个方面,而这种斗争在 19 世纪行将结束的几十年里就已经露出了苗头(当然追溯起来,这种斗争或许长达几个世纪)。19 世纪的宪法变革导致上议院难以维持与下议院平起平坐。1867 年改革法案在上议院二读时,像沙夫茨伯里伯爵所指出的那样,

> 只要议会另一院是基于严格原则选举产生,它就将对本院构成制衡。存在如此强大的民主力量,加上如此巨大的民主浪潮的到来……像我们这样世袭的议院如何能维持自己的地位,

---

〔11〕 H. W. R. Wade. The Easis cf Legal Sovereignty, *Cambridge Law Journal*, xiii(1955), 172 – 87, cited by E. C. S. Wade, ‘Introduction’, in Dicey, *An Introduction to the Study of the Law of the Constitution*, p. Ivi.

这超越了我个人的理解能力。[12]

在最终屈服于民主潮流并接受选举产生的议院拥有最高立法权之前,上议院又坚持了40个年头。《1911年议会法》的通过是一场重要的宪法改革。截至这一法律制定之时,英国的政治进程截然不同于此前一个世纪的进程。从1911年法律以来的一个世纪,也能得出类似的结论。与1911年时相比,2011年的英国宪法已经大为不同。本书就来分析这100年的变革。

关于最初议会法通过以来所经历变革的性质,可以作一系列的归纳概括。这包括变革的范围、执政党变革的路径方法、变革的可竞争性和变革的形式。这一系列变革挑战着英国公认的宪法变革智慧。

1. 变革的范围

20世纪见证了大量具有宪法意义的措施被制定出来,它们

〔12〕 Hansard, Purl Debs. 3rd ser., clxxxvii, cols 1925 – 6: 23 July 1867, quoted in Philip Norton, *The Commons in Perspective*(Oxford, 1981), 21.

在总体上所带来的变革规模如果不能说比19世纪所发生的变革更大,那么至少是足以和19世纪的变革相媲美。本书围绕议会法进行分析。事实证明,这些法律对宪法关系的转变起到了关键作用。这些法律是从大量制定法中挑选出来的。将其放在它们所影响的关系中来分析,能够更好地理解这些措施的影响范围。

4 ## 1.1 两院之间的关系

英国政治体制的心脏是议会。《1911年议会法》通过之前,尽管下议院在财政事务上享有特权,但两院在形式上一直是平等的。1407年,亨利四世已经确认下议院独享征税法案的提议权,王政复辟后,上议院一系列征税议案在一读中就遭否决,再次确认了下议院的征税提案权。下议院还拒绝接受上议院修订货币法案的权力,上议院最终也认可了。[13] 然而,上议院保留了否决法案的权力。这种权力的使用方式变化多端。1909年预算案被(上议院)否决后,"被提交给人民来判断",激起了由

---

〔13〕 Kenneth Mackenzie, *The English Parliament*(1968), 70.

选举产生的下议院坚持主张享有主导地位。随着议会法案的通过,上议院也正式承认了这种主导地位。当然,正如克里斯·巴林根(Chris Ballinger)所说,它曾遭到激烈抵抗,且仅仅因为国王答应设立新的贵族职位才确保它得以通过。克里斯·巴林根还表明,此等变革的性质应当是非同寻常的。

1911 年法律是改变两院关系的系列措施中的第一个。这些措施重新界定了第二院的权力和组成。20 世纪前半叶见证了权力的改变,后半叶则目睹了组成的变迁。为了确保钢铁产业国有化的法案获得通过,克莱门特·艾德礼(Clement Attlee)的工党政府在 1949 年通过了第二个议会法案,把下议院搁置非货币法案的权力从两个会期压缩至一个会期。这项措施本身就是根据 1911 年法律制定的。

接着,注意力从权力的多少转向了内部的构成安排。为了激活行将就木的上议院,尽管面对工党的反对,哈罗德·麦克米伦(Harold Macmillan)的保守党政府还是成功通过了《1958 年终身贵族法》(Life Peerages Act 1958),让贵族头衔保留终身。并且,还允许妇女拥有贵族头衔。该法为一个更富有活力的上议院奠定了基础。在上议院的日常工作中终身贵族活跃无比。[14] 唐尼·本(Tony Benn)已经继承了父亲的爵位,成为史丹盖克子爵(Viscount Stansgate),但在竞选时宣布放弃贵族头衔。他推动了《1963 年贵族法》(Peerages Act 1963),让世袭的贵族宣布放弃贵族头衔及其在上议院的席位,使当年霍姆伯爵(the earl of Home)作为哈罗德·麦克米伦的继任者担任首相。

1969 年试图通过第二个议会法案改革上议院构成的努力失败了,这里因为一些来自工党和保守党后座议员的坚决反对。但是,30 年后的另一次努力则成功了,这就是《1999 年上议院法》的通过。该法撤销了 600 余名世袭贵族的席位。关于 1999 年的法律,亚历山大·凯尔索(Alexandra Kelso)在本书中作了探讨。1958 年和 1999 年两个法律共同改变了上议院,使之由保守党的世袭贵族主导的议院变成一个其成员主要是根据个人功勋来任命的上议院,且没有一个政党能在其中占据绝对多数。上议院由此获得新生,并展现出新的魅力。[15]

---

〔14〕 Donald Shell, *The House of Lords*(Manchester, 2007), 32.

〔15〕 See Meg Russell, 'A Stronger Second Chamber? Assessing the Impact of House of Lords Reform in 1999 and the Lessons for Bicameralism', *Political Studies*, lviii(2010).

然而,就像1911年法律一样,1999年法律同样被视为一种暂时的权宜之计,旨在为将来把上议院打造成主要由选举产生的议院做准备。1999年以来,皇家委员会、[16]一系列政府白皮书,还有各种形式的部门会议,都通过了各种改革建议。[17] 当然,1999年法律之后,工党政府未提出任何法案。2010年成立了联合政府,联合协议中包括任命一个委员会起草改革法案。[18] 这个法案拟在1911年法律通过一个世纪之后,设立一个全体议员或大部分议员由选举产生的第二院。只是和以往从事的改革一样,程序烦琐。

1.2 议会与人民之间的关系

19世纪见证了议会与人民之间关系的根本转变,事实证明,要否定迅速兴起的中产阶级——后来是技工和工人——的

---

〔16〕 关于改革上议院的皇家委员会,参见 *A House for the Future*, Cm. 4534 (2000)。

〔17〕 关于此的概要论述,参见 Philip Norton, 'The House of Lords', in *Politics UK*, ed. Bill Jones and Philip Norton(7th edn, 2010), 368 – 70。

〔18〕 HM Government, *The Coalition*: *Our Programme for Government*(2010), 27. 后来宣布此法案要经过事前的立法审查。

需要是不可能的。下议院由政治精英选举产生,主要受皇室和贵族的支持和控制,转变为主要由男性工人阶层选举产生。选举权的扩张促使政党由依靠骨干力量向大众化的选民团体转变。这些团体是为了影响新的群体和新的阶层组建起来的。如今,选民数量太多,根本不可能通过单个接触或贿赂来影响他们。正如理查德·克罗斯曼(Richard Crossman)所观察的那样,"有组织的腐败正逐渐被政党组织所取代"。[19] 用选举制度的术语来说,采用得票最多者当选的单一议员选区制将成为常态。

然而,不平等依然是这个制度的污点。选区规模悬殊,投票制度复杂,并且,妇女被排除在外。特别是 20 世纪前 20 年,呼吁变革的压力促成了进一步的立法改革。最显著但决不是唯一的重要变革举措是《1918 年人民代表法》。罗伯特·布莱克本(Robert Blackburn)在本书中探讨了该法。该法为延续至今的选举制度打下了基础。它不但改革了选举制度,简化了选民资格,而且把选举权扩大到年满 30 岁以上的妇女。同年的另一项法案使年满 21 岁以上的妇女有资格当选议会议员。

正如罗伯特·布莱克本所言,该法为选举制度设定了基本

---

〔19〕 Richard Crossman, 'Introduction', in Walter Bagehot, *The English Constitution*(1963), 39.

框架,但未能解决选举制度本身被人利用的问题。此后选举制
度改革问题一直排在日程表上,多次尝试引入可选择性投票制
(alternative vote,AV)或比例代表制。1931 年试图采用可选择 6
性投票制,但因上议院的反对而困难重重。1998 年,选举制度
改革独立委员会(杰克森委员会)建议,在议会选举中采用附加
性的可选择性投票制(alternative vote plus,AV+)。2010 年,联
合政府同意针对是否用可选择性投票制取代得票最多者当选制
进行全民公投。整个世纪以来,有关此问题在政党之间及各个
政党内部都存在分歧。虽然国会议员的选举一直采用得票最多
者当选制(只有随着 1950 年大学席位的废止,它们中才有的采
用可转移的投票方法),但 1997 年之后,其他机构代表的选举上
已开始采用其他方法。欧洲议会、权力下放地区的议会、伦敦市
长和伦敦议会议员以及苏格兰地方政府均采用了不同的选举
制度。[20]

1918 年法律已经被后来的政策措施所增补。[21]《1928 年

---

[20] See Ministry of Justice, *Review of Voting Systems: The Experience of New Voting Systems in the United Kingdom Since 1997*, Cm. 7304(2008).

[21] See Robert Blackburn, *The Electoral System in Britain* (Basingstoke, 1995), *passim*.

人民(平等选举权)法》赋予男性和女性在投票年龄上的平等权。此后的 1944 年、1945 年和 1947 年法律设立了常设性的边界委员会,统一了地方政府和议院的选举权,改变了边界审查规则。《1948 年人民代表法》又作了进一步的重要改变,包括废除复数投票制、大学席位及双议员席位。此后,《1969 年人民代表法》《1983 年人民代表法》《2000 年政党、选举与公投法》《2006 年选举管理法》《2009 年政党与选举法》还提出了其他政策措施。1969 年的法律将投票年龄降至 18 岁,2006 年的法律将一个人能够当选和服务公职的年龄同样降至 18 岁。

2010 年,联合政府还试图寻求进一步的重大变革,提出了"议院投票制度"和"议员选区法案",缩减下议院规模并使各议员选区范围趋于平等,同时将可选择性投票制付诸全民公投。尽管议院席位随着 1922 年失去爱尔兰席位而缩减,但自 1911 年以来的 100 年里,关于议院席位缩减的问题只有一项重要立法。随着权力下放,苏格兰在议会的席位由原来的 72 席减少至 59 席。联合政府还提出了一项确定议会任期法案。这项重要的宪政革新限制了所有选举中的特权。《1911 年议会法》修改了《1716 年议会七年任期法》,将议会最长任期由 7 年缩减为 5 年,但在任期内首相可以要求国王准予解散议会。联合政府提交的该项法案规定，只有全体议员中 2/3 多数投票赞成，或政府在信任投票中败北而新内阁不能在 14 日内组成时，才能提前举行新的大选。

议会与人民之间关系的另一种改变是，议会愿意将一些事务通过全民公投的方式提交给人民裁决。20 世纪上半叶，甚至更早，曾多次出现对全民公投的呼吁。19 世纪 90 年代，自由统一党就曾主张对爱尔兰自治规则进行全民公投。20 世纪初，约 7
瑟夫·张伯伦（Joseph Chamberlain）曾主张对关税改革进行公投。1910 年，还以联合主义政党闻名的保守党致力于用公投解决重大的宪法争议。后来的保守党领袖斯坦利·鲍德温（Stanley Baldwin）和温斯顿·丘吉尔（Winston Churchill）为了保护并延续其各自的战时联合政府，亦分别提出过全民公投。尽管全民公投在地方或次国家级层面上（如 1973 年在北爱尔兰）不同程度地实施过，但全英国范围内的全民公投直到 1975 年围绕继续作为欧共体成员国问题时才首次举行。

此后，在次国家级的层面上，关于苏格兰、威尔士、北爱尔兰和伦敦权力下放问题举行过几次全民公投，在北爱尔兰还涉及更广泛的宪法议题。只有当政府同意采取某项特定措施时，如欧洲单一货币问题，才会在全英国范围内举行公投。如前所述，联合政府在2010年提交了一个议案,准备就采取可选择性投票制度问题实行全民公投。尽管全民公投始终是建议性的(虽然对议院而言,如果批准了全民公投但又不理其结果,这有点荒谬),但是,没有全民公投授权的结果,其正当性问题依然无法回避。在不成文宪法背景下,此等问题尤为重要。[22]

1.3 国家与个人之间的关系

个人权利与国家的关系历史上一直是消极的,或剩余的。也就是说,只要不违反国家法律,个人有权做他/她愿意做的任何事情。个人自由始终受司法裁判的保护,在提交到法院的案件里,法官决定个人权利的范围。[23] 正如 F. A. 曼恩(F. A. Mann)在1978年所评论的那样,"这个国家的法律所承认的人权几乎全都是由法官决定的,在许多情况下,可能会受到反驳的

〔22〕 有关全民公投的支持与反对意见,参见 House of Lords Select Committee on the Consti-cution, *Referendums in the United Kingdom*, 12th Report of Session 2009 – 10, HL Paper 99(2010)。

〔23〕 Eric Barendt, *An Introduction to ConstitutioNal Law* (Oxford, 1998), 46 – 7.

是,议会不可能去干涉或破坏个人权利”。[24] 关于议会的此等假定,在很大程度上支配了20世纪的大多数时间。议会一直被看作这种方案的盟友,它随时准备去保护个人对抗国家,而不是作为问题的制造者,制定侵蚀个人权利的政策措施。[25]

然而,20世纪后半叶,这种情况受到了挑战。战时经验表明,议会有可能制定一些重要措施以加强国家对公民的控制。很大一部分权力在和平时期就停止不用了,许多政治人物和法律人士对议会保护个人自由(无论是采取积极措施还是否决限制措施)的能力表示质疑。当政府将它的立法性权力延伸到越来越多的公共领域,议会亦欣然采纳其措施时,有人开始倡议制定一个权利法案,以立法的方式列举人权。牢固确立的权利法案把个人权利置于下议院暂时多数的控制之外。就算没有牢固 8
确立,以立法的方式列举权利也能使法院提供比在普通法背景下更好的权利保护。

20世纪60年代,对这样一种权利法案的诉求相当盛行。安东尼·李斯特的费边社宣言书《民主与个人权利》出版于

[24] FA. Mann, 'Brirain's Bill of Rights', *Law Quarterly Review*, xciv (1978). 514.

[25] See, e. g., Ronald Butt, *The Power of Parliament*(1967), 437.

1968 年,随之出现了其他一些宣传小册子。1976 年的迪布拜演讲中,黑尔萨姆勋爵用"选举的专制"这个词来批评政府,如今它成为概括英国政府特征的一个专门术语。黑尔萨姆勋爵还主张制定一部成文宪法和权利法案。[26] 尽管工党政治人物最初对此等要求非常警惕,担心权利法案会限制工党政府的一些激进政策,但政党领袖承认,某种形式的立法保护是正确的。在尼尔·基诺克(Neil Kinnock)的领导之下,工党有意支持一部权利宪章,但后来在约翰·史密斯(John Smith)的领导下,又赞成把《欧洲人权与基本自由保护公约》也就是通常所说的《欧洲人权公约》[27] 纳入英国法,这后来成为托尼·布莱尔(Tony Blair)的一个政治承诺。

《欧洲人权公约》颁布于 1950 年,英国参与制定并作为早期签字国,最初认为是为其他国家制定的,主要是那些"没有法律就会受更少保护"[28] 的国家。然而,1996 年皮特·曼德尔森和罗格·里德尔在《布莱尔革命》一书中写道:"在英国对基本

---

〔26〕 Lord Hailsham, *Electre Dictatorship*(1976).

〔27〕 关于欧洲议会,可参见 A H. Robertson and J. G. Merrills, *Human Rights in Europe*(3rd edn, Manchester, 1993)。

〔28〕 Peter Mandelson and Roger Liddle, *The Blair Revolution*: *Can New Labour Deliver*? (1996), 193.

权利的侵犯使之如今面临着反思。"[29]工党在 1997 年大选的竞选纲领中宣称:"公民应当有在英国法院落实人权的法定权利。我们将通过立法的方式把《欧洲人权公约》纳入英国法律,将这些权利带回家,使我们的人民能在自己国家的法院获取这些权利。"[30]其结果是在新一届议会的第一个会期提出了人权法案。

大卫·费尔德曼(David Feldman)在本书中对《1998 年人权法》作了详尽讨论。起草这部法律不是要挑战议会主权原则,而主要是为英国宪法增加新的司法维度。其对法院和行政机构提出了挑战,前者需要学习解释这部法律,后者要能接受法院做出的不一致宣告。尽管政府部门已经接纳了这些宣告,但他们的接纳并非总是心甘情愿的。[31] 议会试图要确保政府遵守这部法律,设立了人权联合委员会。[32] 大卫·费尔德曼曾是

---

〔29〕 Mandelson and Liddle, *The Blair Revolution*, 194.

〔30〕 The Labour Party, *New Labour: Because Britain Deserves Better* (1997), 35.

〔31〕 See Philip Norton, 'The Constitution: Selective Incrementalism Continues', in *The Palgrave Review of British Politics 2005*, ed. M. Rush and P. Giddings (Basingstoke, 2006), 16 – 18.

〔32〕 Philip Norton, 'Parliament and Human Rights', in *An Era of Human Rights*, ed. D Ryland (Patrington, 2006), 375 – 94.

这个委员会的首席法律顾问。

9 ## 1.4　英国与世界其他国家的关系

20 世纪是伴随大英帝国成为世界上的一支重要力量(即便不说是最重要的一支)而开始的。女王的令状覆盖了全球近 1/5 的领土。除了大不列颠群岛外,议院能够且事实上还为其他国家立法。20 世纪上半叶见证了大英帝国转型为一个较为松散(但又依然重要)的英联邦,20 世纪结束时又目睹了大不列颠通过加入欧共体来努力在世界舞台上继续扮演它的角色。

包括在大不列颠群岛内,转型并非总是和平的。19 世纪末 20 世纪初,爱尔兰自治一直折磨着英国政治。20 世纪 70 年代有关权力下放的争论中,出现了后来广为人知的"西洛锡安"问题,或者说英格兰问题。从那时开始,如何解决国家议会议员和权力下放地区议会之间的不平衡关系就一直是这场争论的核心。[33] 爱尔兰武装起义迫使英国政府承认爱尔兰的自治要求。《1920 年爱尔兰政府法》规定了爱尔兰自治,把国家一分为二。

---

〔33〕 See Norton, 'The Englishness of Westminster'.

持续不断的冲突证明有关南部治理的条款是失败的,由此出台了1922年的《爱尔兰协议》。议会法令不再适用于爱尔兰。

议会法令后来在帝国的大部分地区也停止运转了。《1931年威斯敏斯特法》排除了对自治领议会立法权能的限制,并规定此后议会制定的法律不再是自治领法律体系中的组成部分:"除非在那个法律中明确表达了这一点,即自治领要求和同意它作为其法律的一部分。"[34]后来还制定了赋予更多自治权的政策措施,并将主权权力转交给那些业已独立的国家。有些措施遭到激烈争议,温斯顿·丘吉尔曾带头反对1935年的《印度治理法案》,但还是将它编入法律大全,这实质上使政府必须接受此等治理,即使有后座议员反对。

帝国的逝去给英国政府带来了难题,即在世界舞台上英国可能和应该扮演什么样的角色。迪安·艾奇逊(Dean Acheson)评论说,英国已经失去帝国但还没有找到它的角色。这一直被反复引述。英国可能希望联邦能提供政治基础和贸易伙伴,但联邦没有做到。1956年远征苏伊士运河的失败更是雪上加霜。结果,出现了英国参与国际舞台的另一个媒介。尽管在欧共体

[34] Statute of Westminster 1931, section 4.

的建立过程中,英国最初一直反对,但后来英国政府决定申请加入,成为欧共体成员国。这个决定是由哈罗德·麦克米伦的保守党政府作出的,但直到1972年在爱德华·希思(Edward Heath)担任首相期间,有关欧共体成员国身份的协议才达成。1973年1月1日英国正式成为欧共体成员国。其宪法意义是深远的,要求现行的宪法规范根据需要作出调整。1972年的《欧共体法》为英国加入欧共体提供了法律基础。本书对此有评论。成员国身份包含了一个可以立法且其立法在英国国内适用的超国家实体。根据1972年法案之规定,议会已经表示赞同。英国的法律在适用时要尽可能与欧共体法协调相容,如果出现冲突,将由法院来解决,且优先适用欧共体法。批判者认为这削弱了议会主权原则。如果议会立法与欧共体条约或欧共体法律相违背,将被法院抛弃。此等法律规定为英国宪法创造了新的司法尺度,赋予法院一种新的角色,且是自1688年光荣革命以来从未扮演过的角色。

1972年的法案还被其他法令所补充,进一步改变了各成员国与欧共体(后来根据《马斯特里赫特条约》成为欧盟)各机构之间的关系。这些条约饱受争议。政府在通过1972年《欧共体法》和1992~1993年《欧共体(修正)法》时面临非常大的困难,不得不两次诉诸信任投票。[35]

1.5 中央与英国其他地区之间的关系

在20世纪里,英国政府不仅需要调整与英国领土外的其他国家之间的新关系,还不得不适应不列颠群岛内的新关系。苏格兰民族党和威尔士党分别提出了苏格兰和威尔士自治的要求,但是直到20世纪60年代,它们主要的成就不过是幸存下来而已。在20世纪60年代,它们开始有了一些政治上的收获。在北爱尔兰,民族党新芬党敦促与爱尔兰的统一,20世纪60年代后期,为当地罗马天主教徒争取民权引发了冲突。1971年,新芬党的军事分支爱尔兰共和军与英国军队之间爆发了武装冲突。

1973年宪法皇家委员会建议权力下放给苏格尔和威尔士。[36] 工党承认以苏格兰本土政治势力为基础的苏格兰民族

[35] 当然是以《里斯本条约》为基础,参见 Philip Cowley and Mark Stuart, 'Where has all the Troube Gone. British Intra-party Parliamentary Divisions during the Lisbon Ratification', *British Politics*, v (2010), 136。

[36] *Royal Commission on the Constitution 1969 – 1973*, *Vol. 1*:*Report*, Cmnd. 5460(1973).

党是个政治威胁，开始接受权力下放，并在1974～1979年议会通过了《1978年苏格兰法》和《1978年威尔士法》。但是，议员们坚持要对这两个法案进行公投，同时还为“同意”投票设置了生效门槛。威尔士投票结果是“不同意”，苏格兰以毫厘之差，也没有达到门槛要求。继任的政府试图解决北爱尔兰难题。

1997年工党政府重新执政，再次寻求实现权力下放，这次成功了。在苏格兰和爱尔兰举行了全民公投，苏格兰的“赞成”票达到了明显多数，威尔士的“赞成”票也勉强通过。议会制定
11 了《1998年苏格兰法》和《1998年威尔士政府法》，将行政权和立法权移交给了苏格兰议会，把行政权移交给了威尔士国民议会。巴里·K.温卓卜（Barry K. Winetrobe）在本书中分析了《1998年苏格兰法》。

此外，与北爱尔兰实现和解的努力促成了《北爱和平协议》（Good Friday Agreement），该协议赞成在北爱尔兰和爱尔兰共和国举行公投并建立北爱尔兰议会。北爱尔兰议会两度被暂停之后，在2007年又达成共识，随后举行了新的选举，一个由两党共同分享权力的政府组成了，它们是位于政治波谱两极的民主统一党（Democratic Unionist）和新芬党（Sinn Fein）。尽管断断续续有一些紧张，但一省之内的这种独一无二的政治安排一直

在持续。这种政治安排是部长职位根据政党的实力予以分配,不适用集体责任制,首席部长和第一副部长的职位实质上构成了一种联合职位。

因此,在全国与地方关系的治理问题上英国上升到了一个重要阶段。英国四个组成部分中的三个有了自己选举出来的立法机构。没有英格兰议会,但已经有人为此呼吁了。对于西洛锡安或英格兰来说,没有这样的立法机构,这个问题需要解决。[37] 同时,还一直有人呼吁进一步加强权力下放地区。《2006 年威尔士政府法》为移交某些立法权提供了基础,并规定对更加广泛的权力移交进行公投。2009 年,苏格兰权力下放委员会(卡尔曼委员会)提出了多项建议,特别提到了要加强威斯敏斯特与霍利鲁德(Holyrood)之间的沟通与合作。[38] 权力下放问题以及给英国议会带来的后果,仍然是政治上的突出问题。

从以上简要的概括中,就清楚得知,自《1911 年议会法》通过以来,大规模的宪政变革持续百年。这种概括远不够全面,并未穷尽英国宪法核心部分存在的所有关系。百余年来,王权与

---

〔37〕 Norton, 'The Englishness of Westminster'.

〔38〕 Commission on Scottish Devolution, *Serving Scotland Better: Scotland and the United Kingdom in the 21st Century*, Final Report(Edinburgh, 2009).

人民之间的关系发生了实质性改变。最痛苦的是爱德华八世决定放弃王位,赋予立法机构权威(《1936 年陛下放弃王位法》)。还有其他法律涉及皇室头衔和摄政治理。在国教会——英格兰教会与国家之间的关系上也已经发生了改变。《1919 年英格兰教会会议法》为议会支持英格兰教会政策作了程序性规定。百余年来,随着行政权力的增强,王权和作为政治角色的教会,重要性都下降了。

因此,变革的范围巨大。上述分析清晰可见。前述分析没有明确说明的是,1997 年前后制定的政策措施有明显差别。这一点,从本书中的一些特定措施解读中可以找到答案。不同政府采取不同的宪政改革方式,其间的显著差别影响了改革的性质和深度。

12 2. 执政党的变革路径

1997 年前后政府采取的宪政变革路径截然不同。罗伯特·史蒂文斯写道:"传统上,英国宪法的增长一直是自然的,变革速度极慢。"[39] 他还说,在近代之前,可能有个例外,即1640 年到大约 1720 年这段时间。此后,就发生了重大的宪政变革,但"它们本质上是彼此独立的法律,而不是作为宪法重构的组成部分,引人注目"。[40]

这一点并不奇怪,事情理应如此。20 世纪的大部分时间里,宪法都没有被看作政治争论的一部分。任何的宪法变革都被视为一种调适,宪法架构中的某些部分存在可以感知到的缺陷时,必然要作出变革。当时也没有明确的国家概念,政治权力借助王权以个性化方式呈现,宪法因之具有持久性。[41] 因此,就缺乏从概念上讨论宪法的经验或倾向,也就是说,宪法只是作为宪法。

因此,关于宪法变革的观点都是回应性的。没人怀疑基本的宪法架构。有问题解决问题,就可以巩固宪法。时间已经证明,宪法经受住了考验。作为一部平衡性宪法,能够根据时代需

---

〔39〕 Robert Stevens, *The English Judges* (Oxford, 2012), p. xiii.

〔40〕 Stevens, *The English Judges*, p. xiii.

〔41〕 Tony Prosser. 'Understanding the British Constitution', in *Constitutionalism in Transformation: European and Theoretical Perspectives*, ed. Richard Bellamy and Dario Castiglione (Oxford, 1996), 61 – 75.

要作出调整。已然发生的变革可视为宪法富有多功能的证据。[42] 只要提起宪法,都是为了称赞或效仿。1967 年,卡尔·罗文斯坦称其“有效性和实用性已被证实”。[43] 宪法为政府治理提供了基本框架,使其统筹资源,在实施公共政策和人民的同意之间保持了平衡。

只有宪法架构看似不能满足人民的期待,要求变革的愿望才会增长,不同的宪法变革路径才会出现。20 世纪最后 30 年,共识破碎了,出现了一些富有智识连贯性的宪法改革建议,每项建议都假定是最适合英国的宪政框架。[44] 尽管到 20 世纪结束时,有关改革路径的争论主要围绕着其中的两种路径,即自由主义和传统主义,但这些路径可以划分为 7 个类型。[45] 自由主义信奉消极的宪政理念,[46] 将宪法作为一种制约的媒介,打碎了政治权力,并将基本价值置于议会两院简单多数的控制之外。传统主义支持占据主流地位的威斯敏斯特体制,把它作为融合

〔42〕 Norton, *The Constitution in Flux*, 23.

〔43〕 Karl Loewenstein, *British Cabinet Government*(Oxford, 1967), 6.

〔44〕 Norton, *The Constitution in Flux*. 261 – 94.

〔45〕 Philip Norton, ‘The Constitution: Approaches to Reform’, *Politics Review*, iii (1993), 2 – 5.

〔46〕 See Duncan Ivison, ‘Pluralism and the Hobbesian Logic of Negative Constitutionalism’, *Political Studies*, xlvii(1999), 83 – 99.

民意（积极宪政主义）与议院回应效果的一种手段。在某种意 13
义上没有其他体制能做到这一点。自由主义由宪法改革运动“八八宪章”（形成于光荣革命300周年纪念）所主导，倾向于在争论中推进宪政改革。

变革的要求影响了工党的思想。在迈克尔·福特（Michael Foot）的领导下，它采纳了一种社会主义的宪政改革方法，这体现在1983年大选纲领中。后在尼尔·基诺克和约翰·史密斯主政时，抛弃了这种方法。史密斯接受了“八八宪章”中的大部分主张。[47] 他的改革议程在托尼·布莱尔领导下得以继续。结果是1997年大选纲领承诺了“一揽子”的宪政改革方案，特别是涉及权力下放、把《欧洲人权公约》纳入国内法、改革上议院以及成立独立委员会提出替代性选举制度取代得票最多者当选制。

因此，执政党的改革方案从回应型转向了主动型。议会前两个会期见证了对重要宪政改革举措的重视，其中3项举措（人权法、苏格兰法、上议院法）在本书中都有涉及。后来还有一项改革措施是《2005年宪政改革法》，设立了英国最高法院，废除

---

〔47〕 Mark Stuart, *Joln Smith: A Life*(2005),293－5.

了上议院大法官作为最高司法部门的权力。无论从单个来看，还是共同来看，这些改革都意义非凡。事实上，罗伯特·史蒂文斯认为这段时期可以与1640～1720年的那段时期相提并论。如果考虑到《欧共体法》，这段时期算是例外。他写道："对于律师和法院而言，与早期的宪政革命相比，1970～2000年的这段时期既有实践的变革，也有心理上的转变。"[48]

托尼·布莱尔领导的工党政府（1997～2007年）所推行的宪政变革是实质性的，同时还伴随对英国宪法外在轮廓的重要修正。[49] 史蒂文斯写道："戴雪理论的支配地位正在慢慢走向衰落。"[50]然而，史蒂文斯还提出一个观点，即存在一个连贯性因素。他说，约翰·史密斯实施的政策措施会对英国司法的未来产生深远的影响，不过"他们之间缺乏内在一致性"。[51] 在变革问题上工党被说服了，但它主张每一项改革举措都应按其自身的特性来实施。没有明确的宪法理论来支撑其改革措施。托

---

〔48〕 Stevens, *The English Judges*, p. xiii.

〔49〕 See, e. g, Dawn Oliver, *Constitutional Reform in the UK* (Oxford, 2003); Anthony King, *The British Constitution* (Oxford, 2007); Vernon Bogdanor, *The New British Constitution* (Oxford, 2009).

〔50〕 Stevens, *The English Judges*, p. xiv.

〔51〕 Stevens, *The English Judges*, p. xiv.

尼·布莱尔主持了一段时期的宪政改革,但他明显对这个问题缺乏兴趣。英国适合什么样的宪法,他没有明确界定或表达清晰的观点。[52] 这个问题主要留给了上议院大法官,即莱尔格的艾维仪勋爵。他在 2002 年承认,政府缺乏指导性的理论。他说,整个改革过程“就是以原则为基础的实用主义方法”。[53] 他列举了三项原则:

> 首要的原则是我们应该保留议会民主,威斯敏斯特议院至 14
> 高无上,其他部门处于统治伙伴地位。第二……我们应该增加公共参与式民主,发展一种成熟的民主,使其具有不同的权力中心,个人可以享有更多的权利,政府更加亲近人民……我们的第三个原则是正确的改革道路就应该是根据每个问题的不同特性去设计解决方案。[54]

前两项原则明显与政治权力在英国内的定位不相容,而第

---

〔52〕 Philip Norton. ‘The Constitution’, in *Blair's Britain* 1997 – 2007, ed. Anthony Seldon (Cambridge, 2007), Philip Norton, ‘Tony Blair and the Constitution’, *British Politics*, ii(2007), 269 – 81.

〔53〕 Hansard, *Lords Debates*, 5th ser., dcxlii, col. 691: 18 Dec. 2002.

〔54〕 Hansard, *Lords Debates*, 5th ser., dcxlii, col. 692: 18 Dec. 2002.

三项与其说是一项原则毋宁看作一个逃避条款。这种内在的不协调在权力下放的冲突中得以体现,首相想要权力下放,但还想要由唐宁街来控制结果。承诺建立一个有关投票制度的委员会算是兑现了,但当时并没有承诺就选举制度举行公投。采用得票最多者当选的议员选举方法并未改变。随后一些法院的判决适用了人权法案,某些大臣极力反对法官的此等行为,首相则警告说要修法纠正它们。

因此,这种变革的一致性就是从缺乏内在智识连贯性的方法进行宪政变革。宪政架构一直在改变,但要创立何种类型的宪法则无明确的认知。〔55〕 政府措施偏向于自由主义立场上的宪法,但因缺少自由主义的计划安排而半途而废。

2010 年成立联合政府时,同样欠缺智识上的连贯性。在 1997 ~ 2010 年,保守党的反对总体上未给工党政府的政策措施造成困扰。工党实质上采纳传统主义途径,反对对现存宪法做实质性改变。然而,它面临一个可能的问题,那就是当它重新执政时宪法可能不再是其在位时一直捍卫的那部宪法了。因而,

〔55〕 See Sir John Baker, 'Our Unwritten Constitution', *Proceedings of the British Academy*, clxvii(2010), 91 – 117.

它可能采取回应型,无论是保守还是激进的路径。[56] 实际上,它很少花时间去考虑此事。2010 年大选宣言可被看作采用了一种富有激进色彩的保守主义路径。[57] 它赞同用英国权利法案来取代人权法,主张英格兰议员只就英格兰立法进行投票,寻求共识推动上议院主要由选举产生。当然,保守党领袖戴维·卡梅伦(David Cameron)曾说,这最后一项努力实质上是他“第三个任期内的事务”。

2010 年大选的不确定性和联合政府的建立改变了既定的路径。加入联合政府的政党再次提出了完全不同的路径。联合政府接受了自由主义的基本论调,即“我们的政治体制破碎了”,并同意采取一系列的政策措施。[58] 而传统主义的观点则认为我们的政治体制大体上是健全良好的。与前任政府一样,联合政府对宪政变革并无明确的路径。就像我们已经看到的那样,所发生的变革包括就可选择性投票方案(对自由主义来说, 15
走得不够远;对传统主义来说,又走得太远)和引入固定任期的

〔56〕 Philip Norton. ‘The Constitution’, in *The Political Thought of the Conservative Party Since 1945*, ed. Kevin. Hickson (Basingstoke, 2005), 106 –9.

〔57〕 Norton, ‘Speaking for the People’.

〔58〕 HM Government, *The Coalition: Our Programme for Government*, 26.

议院进行全民公投,同时引进了自由法案,设立了主要或者说完全意义上基于比例代表制由选举产生的第二院,减少了议员名额,成立了一个审查西洛锡安问题的委员会,并提出了英国的人权法案。

以上就是第三个主要宪政改革的境况。政府采取主动型而非回应型立场,但在连贯性问题上具有同样的特征,即关于宪政改革缺乏智识上的连贯性。主导联合政府的政党,本质上坚持传统主义路径,但又寻求包含自由主义重要元素的政治议题。调和政党之间和政党内部冲突的能力,如同先前的宪政改革措施一样,都显而易见,并在联合政府成立后几周之内就开始彰显出来。

3. 变革的可竞争性

政府为了实施宪政改革,寻求具有跨党派共识的政策措施,这再正常不过了。有时可能举行议长会议、委员会会议或跨党派集会。如果能得到大多数或主要政党的同意,而不仅仅是暂时掌握权力的政党同意,国家的宪政改革明显就能向前发展。

正如本书部分文章所说,已经有议长会议来解决选举制度改革,跨党派会议或集会进行上议院改革。

然而,实践中,一致同意的情况比较罕见。提出的政策措施常常得不到反对派的支持,即使有些政策获得跨党派同意,但不能保证不存在争议,更不能保证能成为法律。《议会法案(第二号)》在 1968 年提出时得到了跨党派支持。在此之前,有个跨党派对话,尽管后来流产了,还写进了白皮书。[59] 尽管政府和反对派都支持白皮书,但后座议员提出驳回它的修正案获得了 159 票的支持。[60] 尽管反对派的建议还是支持它,但这个议案在二读时的得票为 285 : 135。[61] 政府没有强制实行终止辩论交付表决,反对派提出的修正案使会议拖至深夜,同时还有五花八门的分歧,甚至有停止辩论的提议。[62] 最终,政府没能获

---

〔59〕 Janet Morgan, *The House of Lords and the Labour Government 1964 – 1970* (Oxford 1975), 169 – 94.

〔60〕 修正案以 270 票反对和 159 票赞成而失败。参见 Hansard, *Commons Debates*, 6th ser., dcclxxii, cols 1429 – 34:20 Nov. 1968;Philip Norton, *Dissension in the House of Commons 1945 – 74*(Basingstoke, 1975). 304 – 5。

〔61〕 Hansard, *Commons Debates*, 5th ser., dcclxxvii, cols 167 – 72: 3 Feb. 1969.

〔62〕 See Norton, *Dissension in the House of Commons 1945 – 74*, pp. 317 – 54, *passim*.

得足够数量的议员支持以停止辩论,从而决定暂停该项法案。[63]

《议会法案(第二号)》的失败是不正常的。在其他情况下,政府如果预见到了强硬的反对意见,就会警惕性地提前采取一
16 些措施。尽管随着《1999 年上议院法》的通过,工党政府通过各种方式寻求支持,以进一步推动上议院改革,但它从未提出一个法案。一旦政府已经启动了重要的宪政改革措施,无论来自政府官员还是同时或单独有后座议员的反对,通常都会义无反顾。本书涉及的政策措施中,只有《1918 年人民代表法》,如罗伯特·布莱克本所说,是跨党派同意的产物。其他政策都面临纷争,在有些情况下,需要政府采取特别手段,才能确保通过。在议会法案中,为了克服来自上议院的抵制,由国王批准设立一些新贵族是很有必要的。1972 年,为了确保《欧共体法》在二读中通过,首相爱德华·希思诉诸政府信任投票的方式。1999 年,如亚历山大·凯尔索所说,政府同意了威瑟利尔(Weatherill)修正案,保留了 92 名世袭贵族席位,以换来上议院法案顺利通过,避免贵族们给本届政府的其他计划制造麻烦。

---

〔63〕 Morgan, *The House of Lords and the Labour Government 1964 – 1970*, pp. 216 – 8.

所以,政策措施总体上确实可以看作特定政府的产物。宪政改革之所以发生主要是有政党基础,当然就有政治纷争。英国政治体制的对立属性鼓励反对派反对这些政策措施,尤其是当他们意识到这么做有利可图时。其结果可能就像《欧共体法》一样,反对派议员可能对他们原则上支持的政策措施投反对票。

4. 变革的形式

从本书的研究中可知,另一项显而易见的特征是,重要的宪政变革并不必然以复杂立法的形式来实现。本书所探讨的一些法案就以文本简单而著称。这或许反映了这样一个事实,即只涉及一种实质性的变革。1999 年的上议院法案最初不过只有一个条款,即把世袭贵族排除出上议院。它也可能是一种政治上的权宜之计。权力下放立法是根据 20 世纪 70 年代的经验草拟的,当时苏格兰和威尔士法案都规定了下放的权力。1998 年的苏格兰法案反倒只是简单地列举了威斯敏斯特保留的事项。1972 年起草《欧共体法》时,必须决定是采用一个条文的授权法案,还是采用一个庞大的法案,罗列出加入欧共体后所有需要修改的法律。在研究这个法案时,我们详细讨论了这个问题,政府实质上倾向于前一种形式。政府方面希望平衡议会权力,以在本届议会内完整考虑政府希望制定的其他宪政改革措施。通过这种方式产生的宪政改革措施不仅要符合议会起草法案的要求,还要满足政府的政治需要。

5. 结果

本书的每一个篇章不仅阐述了议会制定的法律,还分析了
17 各项政策措施的后果。这些政策措施普遍都有预期的效果,譬如限制第二院的权力,或者使英国成为欧共体的成员国。但是,它们还可能产生更广泛且计划外或者不曾预见的效果。

有些政策措施并未出现批判者所料想的那些后果。1918年选举权扩大到妇女并未导致选举行为偏离轨道或将保守党推进到政治荒漠。《1999 年上议院法》的通过并未减弱上议院影响政府的能量。如果有什么影响的话,那就是上议院证实了其领袖杰伊男爵(Baroness Jay)的主张,即上议院在更为广泛的事

务上,而不只是在公民自由问题上,能够更加合法并被证实是更愿意击败政府的。[64]

另外,《欧共体法》的批判者有理由相信他们所提出的一些主张,即成为欧共体成员国的宪法意义,要比下台的政府内阁大臣们的主张即议会主权将受到破坏,更为准确,声称履行欧共体成员国义务不必然需要附属性立法。有些案件为《1998 年人权法》批评者提供了基础,虽然涉及不一致宣告的判决不多,但引发了包括唐宁街在内的政府各阶层的批判,有时措辞相当严厉。不得不劝说首相托尼·布莱尔,没必要修订该法案。

因此,宪政改革措施的后果并不确定,尽管在这方面与其他立法几乎没有差别,同时像其他所有法律一样,不受立法之后的审查。宪法性政策措施都会付诸实施,其影响留待学者和评论家们评说。只是在 2008 年政府接受法律通过后 3 ~ 5 年由实施部门进行立法后评估,并将结论交给下议院相关的特别委员会。第一部接受这种审查的宪法性立法是《2005 年宪政改革法》。[65]

---

〔64〕 Meg Russell and Maria Sciara, ‘The Policy Impact of Defeats in the House of Lords’, *Britisit Journal of Politics and Internatinal Relations*, x(2008). 571 – 89.

〔65〕 *Memorandurn to the Justice Select Committee*: *Pust-legislatire Assessment of the Constitutional Reform Act 2005*, Cm. 7814(2010).

当然,在本标题之下可以从两个方面来归纳本书的研究:

第一,事实证明,议会有能力自己处理宪政变革。成为欧共体(现在是欧盟)成员国和制定人权法就是最好的证明。当时两院创立了各种委员会来审查欧共体的文件,联合设立了人权委员会。这种高度制度化的议会审查流程,[66]实质上利用了两院的互补性特征,这在其他领域是不可能实现的。

第二,这些法律并非没有争议。每项法律可能已成为既定事实,但也是整个过程的一部分。正如罗伯特·布莱克本表明
18 的那样,有关选举体制的争论还将持续。第二院的问题仍会保持现状。英国的不同地区还会要求下放更多的权力,要求设立英格兰议会。关于“英格兰人只对英格兰法案投票”和巴奈特公式(Barnett formula)的争论仍将继续。[67] 诚如所看到的那样,成立于2010年的联合政府正致力于用英国的权利法案取代

---

〔66〕 See Philip Norton, ‘The United Kingdom: Political Conflict, Parliamentary Scrutiny’. in *National Parlia-ments and the Eunpean Union*, ed. Philip Norton (1996). 92 – 109: David Feldman, Parliamentary Scrutiny of Legislation and Human Rights, *Public Law* (2002), 323 – 48; Carolyn Evans, ‘Legislative Scrutiny Committees and Parliamentary Conceptions of Human Rights’, *Public Law* (2006), 785 – 806.

〔67〕 关于后者,参见 House of Lords Select Committee on the Barnett Formula, *The Barnett Formula*, 1st Report session 2008 – 09, HL Paper 139(2009)。

人权法。

考虑到英国宪法的复杂性,妨碍了对任何部分单独进行改革,加上先前共识的分崩离析,这种争论可能还会发生。这一点并不令人惊讶。曾经确定的宪法如今不再稳定如初,新近的政府已经着手重新规划宪法蓝图,但最终的蓝图应该是或将会是何种样子,它们缺乏清晰的构想。[68] 新的宪法拼盘已经开始发挥作用了,但盒子里装的是什么还未可知。

---

〔68〕 See Norton, 'Tony Blair and the Constitution', 280; Baker, 'Our Unwritten Constitution', 92; King, *The British Constitution*, 345–54.

19 筑篱和开沟:《1911 年议会法》

克里斯·巴林根

《1911 年议会法》是一部简短的法律,但对 20 世纪的宪法性法律和政治立法产生了深刻的影响。议会法的目的非常清楚:限制上议院权力,得到下议院多数支持的政府计划不受其干扰。该法通过提出三项改革实现了这个目标:(1)赋予下议院首要的财政立法权;(2)用大约 2 年的搁置否决权取代了上议院在大多数领域的绝对否决权;(3)将议会最长任期由 7 年缩减为 5 年。然而,在 1906 年本届议会组建之初,并不清楚这个计划是否能够成功。它战胜另外的选择方案得益于几个因素的结合,即坎贝尔-班纳曼和阿斯奎斯的领导、政治冲突、选举与议会博弈、爱尔兰的政治问题。议会法从根本上不可逆转地改变了英国的立法过程,与此同时,它又无疑地确保了事实上的宪法地位。因此,推进了一个世纪的宪法性立法。

关键词:议会法　爱尔兰自治　《1909 年人民预算法》　《1909 年财政法案》　下议院　上议院　大选　1910 年 1 月　1910 年 12 月　亨利·坎贝尔–班纳曼爵士(首相)　赫伯特·亨利·阿斯奎斯(首相)　金·乔治五世　修篱笆者和挖沟人　搁置否决权

1. 概览

《1911 年议会法》是一部简短的法律,但对 20 世纪的宪法性法律和政治立法产生了深刻的影响。其目的非常清楚:限制上议院权力,得到下议院多数支持的政府计划不受其干扰。该法案做了三件事情。第一,把上议院在财政法案上的搁置权限制在一个月内,[1]赋予了下议院首要的财政立法权;第二,除财政立法和延长议院任期的立法外,上议院在绝大多数领域的绝对否决权被大约2年的搁置否决权取代;第三,将议会最长任期由7年缩减为5年。议会法从根本上不可逆转地改变了英国的立法过程,与此同
20 时,它又无疑地确保了事实上的宪法地位。在一些人看来可能是权宜之计——未完成的事业,[2]结果却存在了一个世纪。

2. 为何提出这样一个法案?

2.1 制定背景

2.1.1 1906~1909年的议会两院

自由党在1906年大选中的压倒性胜利为亨利·坎贝

〔1〕 约克内里曾将这一点作为宪法惯例转变成一个法律条款的罕见案例予以引用,其实可以参考更为知名的例子即《1931年威斯敏斯特法》。参见J. Jaconelli, 'The Parliament Bill 1910 – 1911: The Mechanics of Constitutional Protection', *Parliamentary History*, x(1991), 280。

〔2〕 I. Richard and D. Welfare, *Unfinished Business: Reforming the House of Lords*(1998).

尔-班纳曼爵士政府在下议院获得了 400 个席位,联合党则只拿到了 157 个席位。然而,在上议院 602 位议员中,只有 88 位是自由党。随着政府致力于激进的社会改革和宪政改革,上下两院之间发生某些冲突似乎从一开始就不可避免。但是在竞选中,自由党候选人很少谈到上议院的权力问题。选举中大规模获胜以及围绕着政府立法计划的争论,将这个宪法问题推到了前台。

联合党指望上议院来调和政府激进的改革计划。当然,联合党反对政府并不完全是建立在阶级对立和选民利益算计的基础之上。联合党在下议院和上议院的领袖分别是巴尔弗和兰斯多恩,他们也重提上议院具有"公投"的作用,尤其在面对一个完全失势的下议院时,上议院可能成为"宪法的守护者"。[3]

选举之后一年内,自由党政府就在上议院遇到了一些问题。1906 年上议院就让教育法案流产了,并且看来有可能继续给政府制造麻烦。1907 年 2 月 12 日,国王在演讲中告知说,应该考虑上议院改革。"两院之间不幸的差别已经产生了严重问题,

---

〔3〕 J. Ridey, 'The Unionist Opposition and the House of Lords, 1906 – 1910', *Parliamentary History*, xi(1992), 236. 或许具有讽刺意味的是,在 19 世纪晚期索尔兹伯里任首相期间,下议院巴尔弗一直被认为是通过反对以强化对政府的控制负有最主要的责任。参见 Ridley, 'The Unionist Opposition', 235。

影响到了议会制度的正常运作。我的大臣们经过考虑,针对这个难题提出了解决方案。”[4] 内阁考虑了两种方式来缓和上议院权力:参加联席会议和搁置否决权。

2.1.2 莱邦方案

1907 年 2 月的预备会议讨论之后,内阁将上议院问题交给了一个由大法官罗本勋爵(Lord Loreburn)领导的内阁委员会。
21 在接下来的一个月,这个委员会拿出了一个几乎无异议的报告,该报告驳回了一系列的可能性,包括否决权限制。重建上议院的方案被拒绝了,理由是它将加强上议院对下议院的制衡。将争论付诸全民公投的想法也不予考虑,因为它在两院的重要性问题上一视同仁。限制否决权也被放弃了,因为委员会认为此举“将实际上相当于废除第二院,这将激起最大限度的誓死抵抗”。相反,该委员会建议采取下议院与上议院联席会议作为解决争议的一种方法。其建议会期延迟之后,将法案交到由下议院(670 位议员)和 100 位贵族(其中来自政府的贵族最多是 20 位)组成的联席会议,由联席会议投票决定法案的命运。这个方案很快被称作莱邦方案,尽管这并不准确,但已广为人知。

---

〔4〕 *Hansard*, *Lords Debates*, 4th ser., clxix, col. 1:12 Feb. 1907.

该委员会确信其提出的建议要优于限制否决权,但能否满足自由党的想法,却心里没底。[5]

2.1.3 搁置否决权

首相认为,采取联席会议的形式既不会实现自由党的主张,也无法满足上议院的需要。他倾向于“更激进的一年否决权”,[6]尽管他知道这可能是少数人的观点,并将引起争议。上议院对下议院提出的议案有搁置否决权的想法由来已久。早在1836 年,政治哲学家詹姆斯·密尔就提出了这种观点,后来,政治家约翰·布赖特议员从 1883 年开始通过一系列演讲使之流行开来。[7] 6 月的再次审议证明了联席会议方案不受自由党欢迎。坎贝尔-班纳曼个人的介入对其内阁转而支持搁置否决

〔5〕 C C. Weston, ‘The Liberal Leadership and the Lords’ Veto, 1907 – 1910’, *Historical Journal*, xi(1968). 510.

〔6〕 坎贝尔-班纳曼致诺里斯勋爵的信,1907 年 3 月 25 日,引自 A. S. King, ‘Some Aspects of the History of the Liberal Party in Britain’, University of Oxford DPhil, 1962, p. 104。

〔7〕 詹姆斯·密尔在 1836 年写道:“一个法案如果下议院已经获得通过,但被上议院推翻,在议院的下一个会期里它被下议院重新提出并通过,又被上议院推翻,但是如果它在下议院第三次获得通过,就应该成为法律,而不应再送到上议院审议。”参见 James Mill, ‘Aristocracy’, *London Review*, (Jan. 1836), quoted in Alfred L P. Dennis, ‘The Parliament Act of 1911 II’, *The American Political Science Review*, vi(1912), 393。密尔的这段话在议会辩论此议会法案时被尼达姆先生引用过。参见 Hansard, *Commons Debates*, 5th ser., xxv, col. 1734: 15 May 1911。

权至为关键,但代价是在克鲁勋爵(他从未转向搁置否决权方案)的坚持下,接受了修订《七年任期法》,将议会任期由7年缩短为5年。[8]

搁置否决权得到内阁同意后,由坎贝尔-班纳曼在1907年6月24日的下议院演讲中提出。经过3天艰难辩论之后,6月26日,由首相提议,下议院作出了结果为432:147的表决。"为了落实人民代表表达的人民意志,有必要依法限制另一院
22 修改或否决本院议案的权力,以确保在一院的界限内,下议院的最终决定能够获胜。"[9]下议院明显支持限制否决权,尽管有20位自由党议员和爱尔兰议员支持工党的修正案,以废除搁置否决权。

否决权限制能有效制约上议院权力,其目的简单明确,但是,政府不可能使之马上生效。如果这个法案被贵族们抛弃了(这是有可能发生的,因为政府并没有特别的强制手段),自由党就不可能继续执政。但是,如果没有其他原因,仅仅是否决权限制问题,将之变为一个全国性问题的风险太大。如果想限制上议院权力,肯定能找到引爆点。

---

[8] Weston, 'Liberal Leadership', 520.

[9] Hansard, *Commons Debates*, 4th ser., clxxvi, col. 1523: 26 June 1907.

2.2 什么导致政府采取行动?

劳埃德·乔治设计的 1909 年预算法案能否作为引爆点并不清楚。事实上,劳埃德·乔治希望他的预算法案能绕过贵族院,这倒是可能的。但是,预算法案是体制性溃败最显而易见且重要的案例,上议院中统一党多数在 1906 ~ 1909 年议会期间对政府的立法计划百依百顺。[10] 财政法案已经准备就绪,保守党贵族没有赢的可能。1909 年,自由党在全国声名鹊起,劳埃德·乔治闻到了血腥味。

尽管在 1909 年 10 月和 11 月,内阁在紧张的会期内几乎没有讨论到否决预算法案可能带来的宪法问题,但是再次出现了 1907 年关于否决权限制的备忘录。[11] 当 11 月 30 日上议院在二读中否决了财政法案时,下议院的反应是重新通过一个决定,

---

〔10〕 See, e. g., R. Jenkins, *Mr Balfour's Poodle* (1954); N. Blewett, *The Peers, the Parties and the People: The Generation Elections of 1910* (1972); B. K. Murray, *The People's Budget 1909/10* (Oxford, 1980).

〔11〕 King, 'Some Aspects', 111 – 12.

重申下议院在财政问题上具有独一无二的权威地位。[12] 但下议院并未就否决权限制进行投票。在后来的大选中，大多数自由党候选人为否决权限制辩护，并没有提更广泛的改革。

1910 年 1 月的选举结果是詹金斯所说的“足够多数”，但勒·梅则倾向于认为，选举结果并未就任何事给予任何人授权。[13] 自由党输给联合统一党大约 100 个席位，其他党派总体上没什么变化。随着自由党多数在议会的消失，它就只能依赖约翰·雷德蒙的爱尔兰民族统一党和工党的支持了。这些政党形成了一个约 120 个席位的反联合统一党的多数，但换取这种支持的代价是承诺向议会提交爱尔兰自治法案。

23

2.2.1 坎贝尔–班纳曼方案胜出

在说服内阁采取搁置否决权方案上坎贝尔–班纳曼的个人作用颇为重要，但可能出人意料的是，搁置否决权本身要比坎贝尔–班纳曼活得长，后者死于 1907 年，这一年下议院就该方案进行表决。其继任者阿斯奎斯首相过去倾向于莱邦方案。搁置

---

〔12〕“上议院的行为……是违反宪法的，它侵犯了下议院的权力”。参见 Hansard, *Commons Debates*, 5th ser., xiii, cols 546–81:2 Dec. 1909。

〔13〕 Jenkins, Poodle, 193. G. H. L. LE May, *The Victorian Constitution: Conventions, Usages and Contingencies* (1979).

否决权方案能够战胜其他更为广泛的改革方案,有三个重要原因:爱尔兰议员对否决权限制施加的压力;爱德华·格雷全神贯注地支持,内阁改组时他是就外交事务鼓吹最用力的一个;阿斯奎斯方面缺乏改革创新的意向。

1910 年 2 月,爱尔兰领导者雷德蒙和奥康纳告诉内阁,如果他们看不到(并批准)限制上议院否决权的建议,他们不会支持预算法案。此前,是单独支持否决权限制还是进行改革,内阁还未形成明确的决定。但是爱尔兰的立场尘封了改革的可能性。1909 年自由党成为多数的时候,爱尔兰议员就已经投票反对预算法案。既然他们的支持是必不可少的,爱尔兰议员要求明确保证否决权限制,将之作为获取地方自治、防止上议院否决的先决条件,这便可以理解。更为广泛的改革讨论和达成协议都费时很长,而且任何改革方案的前景都是不确定的,因此,如果内阁想要确保预算法案在 1910 年通过,就几乎没有选择。

反对改革的第二项因素是格雷一直专注于他的外交事务,结果他当然没有多少时间来提炼改革理念并劝说内阁同僚支持改革。再者,如果他对外交事务工作心不在焉,那意味着他与自由党普通党员保持了距离,尽管这些普通党员支持改革的力度有限。格雷对改革的支持源于他对两院制政府的真诚信念,以及他对专注于权力并不能解决深层次问题的认知。在内阁里，格雷继续为改革优于否决权限制而卖力辩护。[14]

与搁置否决权相比，阿斯奎斯不可能放弃其对莱邦方案的偏爱；[15]但是他对任何上议院改革意见都缺乏热情，这意味着他可以引导辩论，但不会对辩论产生重要影响。按理说这是最佳状况，一些资深同僚强烈支持改革。但如果内阁不积极，就会有风险，一些大臣可能会辞职，爱尔兰议员和一些自由党后座议员可能会抗议。1910 年 2 月 26 日，阿斯奎斯劝导其内阁原则上先接受否决权限制，与此同时，接着对更为激进的上议院改革方案进行讨论。3 月 11 日，内阁达成了三个否决权限制方案。[16]

两个关键性的内阁会议决定，权力而非组成，才是上议院法案的基础。3 月 31 日，内阁决定缩短对否决权决议的辩论，并在 4 月中旬再次提出预算法案。如果内阁确信能通过大量设立
24 新贵族职位换取民众的大力支持，以压倒上议院对议会法案的

〔14〕 King, 'Some Aspects', 136.

〔15〕 Weston, 'Liberal Leadership', 520 – 2.

〔16〕 一项拟议中的以其他三项方案通过为基础的解决方法，即上议院应该由直接选举出来的第二院取代，在内阁讨论过程中提出过但未付诸实施。

抵制,那么,政府就可以诉诸民意,谋求上议院在这个法案上让步。4 月 13 日,内阁通过将预算法案和上议院否决权问题合并处理,迫使爱尔兰议员接受预算法案。

内阁的决定早在 3 月 21 日就已经放到下议院桌子上了,但是,随着内阁在 4 月中旬力推预算法案,下议院的委员会在 1910 年 4 月 11 日又开始非常认真地讨论内阁的这些决定。4 月 12 ~ 13 日,委员会的讨论还在继续。这几天,"遇上现存形势下非同寻常的紧急状况",内阁也每天碰头,但直到 4 月 13 日还未达成确定的结果。〔17〕 4 月 13 日,内阁决定缩减对否决权议题的讨论,直接交议院投票表决。如果下议院同意这些决议,但上议院拒绝,政府就可以在本届议会寻求必要手段赋予这些决定法律效力。紧急情况下,政府就建议解散议会,尽管这种情况下,只有重新选举之后立法才能通过。〔18〕 到 4 月 14 日为止,所有关于上议院否决权的决议在下议院都获得了高出 98 ~ 106 票的通过。这些决议如下:〔19〕

---

〔17〕 TNA, CAB 41/40/9:13Apr. 1910.

〔18〕 TNA, CAB 41/40/9:13Apr. 1910.

〔19〕 Hansard, *Commons Debates*, 5th ser., xvi, cols 1531 – 47: 14 Apr. 1910.

1. 依法限制上议院否决或修订财政法案是可行的，但是，依法作出的这类限制不应用来缩减或限定下议院既有的权利与特权。

该项决议只适用于财政法案，按议长的话说，这类法案只能是涉及下列全部或部分内容：税的征收、废除、减免、改变或规制；对统一基金的收费；议会制定的有关财政之规定；储备物资；公款的支出、控制或规制；所有贷款的募集、担保或偿还；其他与这些主题或部分内容相关的事务。

2. 依法限制上议院在非财政法案上的权力是可行的。只要在下议院三个连续会期内通过的法案，在会期结束前至少一个月提交给上议院，若会期内被上议院否决，那么，不经上议院同意，就可以由国王批准为法律，只要从该法案首次在下议院提出到下议院第三次通过至少已经过 2 年。

只要上议院没通过，不管有没有提出修改意见，或是需要议会两院同意它的修改意见，都视为本决议所说的被上议院否决。

3. 议会任期限定为 5 年是可行的。

25 这些决议通过之后，阿斯奎斯立即提出了《1910 年议会法案》,[20]并期待 4 月下旬在下议院进行讨论。[21]

4 月 27 日,下议院对财政法案进行了三读。第二天,上议院接受了 1910 年 1 月举行选举的决定,未经投票就通过了财政法案。[22] 不稳定时期结束了,预算法案通过了,“内阁开始准备仲夏的选举”。选举开始之前,必须确保在必要时国王会任命新的贵族以保证预算法案或议会法案的安全通过。[23]

2.2.2 宪法会议

然而,原定 1910 年仲夏的选举并未举行。1910 年 5 月 6 日国王爱德华七世意外死亡,耽搁了选举进程。政府的考虑是,大选后一旦上议院反对否决权限制,国王就创设足够数量的贵族来压倒这种反对,如果不能确保这些,就先不举行大选。国王爱德华七世逝世之前已经知道了这些,但是,乔治五世国王登基后,“对于一个君主而言,如果上任之初就采取这种行动,只会招致误判和批评”。[24] 因此,对于新国王来说,政府无法在其上

---

〔20〕 Hansard, *Commons Debates*, 5th ser., xvi, col. 1547:14 Apr. 1910.

〔21〕 4 月 21 日在回答一个口头问题时,阿斯奎斯说:“我希望下周的某个时候。”参见 Hansard, *Commons Debates*,5th ser., xvi, col. 2303: 21 Apr. 1910。

〔22〕 V. Bogdanor, *Monarchy and the Constitution*(Oxford, 1995), 114.

〔23〕 Blewett, *Peers*, 153.

〔24〕 J. D. Fair, *British Interparty Conferences: A Study of the Procedure of Conciliation in British Politics, 1867 - 1921*(Oxford, 1980), 83.

任之初就获得这种担保。

选举的推迟也许为其他可供选择的方案提供了机会。自由党政府的几个组成人员，包括格雷、克鲁，也可能包括阿斯奎斯本人，开始再次谋求莱邦方案。[25] 一个更占主导地位的可选择方案是，国王之死所引起的宪法空白，可能为政府与反对派在上议院权力问题上达成妥协提供了机会。自由党中一些支持否决权限制的人不愿意参与协商，唯恐让更多自由党党员和爱尔兰议员认为内阁立场不坚定，但是，他们意识到"民意绝对是支持党派间协商"。[26]

从6月17日至11月10日，举行了22次宪法会议，针对近
26 来有关解决上议院问题的建议进行了详细讨论。[27] 事实证明，上议院在财政立法上的权力无可争议，尽管这曾经是预算法案纷争的核心，并因之考虑否决权限制。更成问题的是，保守党认为宪法性法律，包括地方自治问题，应该由立法机关守护。这与自由党的想法有冲突。自由党希望有权实施激进的改革措施，并且他们当前最迫切的需要就是捍卫地方自治。莱邦方案再度

〔25〕 Weston, 'Liberal Leadership', 522 – 4.

〔26〕 Fair, *Interparty Conferences*, 83.

〔27〕 TNA, CAB 37/103/24;22 June 1910.

复兴。阿斯奎斯看似愿意把议会两院联席会议作为解决争议的一种手段,以替代搁置否决权。但是,上议院能派多少人参加联席会议,未能达成一致意见。[28] 不管怎样,无论是通过联席会议还是由上议院提议举行大选来解决宪法问题,联合统一党希望借全民公投来解决。阿斯奎斯考虑与保守党合作的一切建议,很快就被劳埃德·乔治坚决拒绝彻底改革第二院的想法抵消。[29] 阻挠宪法会议进展的关键问题不是权力分配和议院组成,而是任何方案对迫在眉睫的爱尔兰自治问题可能带来的影响。“在 22 次会议中,每位代表都为这个国家面临的宪法变革绞尽脑汁”,约翰·D. 费尔总结说,宪法会议唯一可见的成果是,“爱德华国王死后就上议院问题的解决推迟了 6 个月”。[30]

宪法会议刚一解散,内阁就决定解散议会,围绕预算法案与否决权限制这两个紧密相连的问题为大选而战。阿斯奎斯遇到一些难题,他向乔治五世国王寻求任命贵族的承诺。几个月前,曾从新国王的父亲那里得到过这种承诺。1910 年 11 月 15 日,他向国王建议,除非国王在必要时任命新贵族,确保政府政策获

---

〔28〕 Weston, 'Liberal Leadership', 523 – 33.

〔29〕 Fair, *Interparty Conferences*, 86 – 91.

〔30〕 Fair, *Interparty Conferences*, 102.

得通过,否则,他不会建议解散议会。阿斯奎斯向国王保证,如果这个政策被公开报道,有必要"把国王排除在政党和选举争论之外"。[31] 第二天,国王就作出担保。

上议院问题主导了1910年12月的大选。贵族们首次打破流行的惯例或做法,与下议院候选人一道竞选。大选几乎没有改变下议院的构成:自由党272席(少了3席),保守党272席(少了1席),工党42席(多了2席),爱尔兰党84席(多了2席)。自由党政府继续依赖爱尔兰议员和工党议员的支持。因而,政府得到了选举授权,继续进行它之前阐述的选举政策:限制上议院的否决权。

27 3. 议会法案如何在议会获得通过?

3.1 议会通过

1911年2月21日阿斯奎斯向议会提交的议会法案[32]与10个月前下议院一读审议的法案完全相同,其目的是"制定一

〔31〕 TNA. CAB 41/38/1:15 Nov. 1910.

〔32〕 Hansard, *Commons Debates*, 5th ser., xxi. cols 1742 – 851: 21 Feb. 1911.

个有关上议院与下议院之间权力的条款,并限制议会任期”。[33]首相在介绍 1911 年法案时说:“此后,特意将该法案交给全体选民,结果,他们又以多数支持返回本院。我想,在英国内的支持度约有 120,大不列颠则不低于 60。”[34]

1911 年议会法案的目的在于“规范上议院与下议院之间的权力关系,并限制议会任期”。[35] 此法案试图限制上议院修订或者拖延真正的财政法案,用最多 2 年的搁置期取代上议院对下议院基本法律的否决权,并将议会最长任期从 7 年缩短至 5 年。上议院的次级立法权及其首先发起的基本法律制度权不受影响。因此,1911 年议会法案背后的原则是,允许政府在下议院多数支持的情况下推进其立法计划。

3.2 在议会两院或任何一院出现反对意见了吗?

议会法案在下议院的委员会讨论了 13 天,出现了大量修正

---

〔33〕 Hansard, *Commons Debates*, 5th ser., xvi, col. 1547: 14 Apr. 1910.

〔34〕 Hansard, *Commons Debates*, 5th ser., xxi, col. 1742. 21 Feb. 1911 (Asquith).

〔35〕 Hansard, *Commons Debates*, 5th ser., xxi, col. 1742: 21 Feb. 1911 (Asquith).

意见,但都没成功。在报告阶段,有些修改意见再度提起,但还是未成功。该法案顺利走过了下议院内部的所有程序,留待下议院投票表决,1911 年 5 月 15 日,迎来了在下议院的三读。

上议院经过 4 天辩论后,于 5 月 29 日顺利对该法案进行了二读;之后,在 6 月底和 7 月初,上议院委员会开始对该法案进行重大修订,特别是要确保对宪法性法案进行全民公投。上议院的反对很重要,这里的一个重大风险在于,上议院试图整体废除这个法案。

在上议院反对的背景下,阿斯奎斯在 1911 年 7 月 20 日写信给巴尔弗(Balfour)和兰斯唐(Lansdowne),阐述他已收到国王任命贵族的保证。阿斯奎斯的信改变了联合党领导人的立
28 场。巴尔弗知道,他在下议院不可能有足够的支持去组建政府,并且接着进行第三次大选,1911 年议会法案就毫无悬念。因而,巴尔弗意识到,国王除了同意阿斯奎斯的要求任命新贵族外,几乎没有选择余地。[36] 虽然巴尔弗不可能把自己带入"筑篱笆者"(那些支持该法案的联合党)这一边,在他眼里,这些人是拿联合党的原则向政府投降,但他转而反对那些"开沟者"

〔36〕 J. Ridley, 'Leadership and Management in the Conservative Party in Parliament, 1906 - 1914', University of Oxford DPhil, 1985, p. 141.

(或者顽固派),他们一直决心“奋战到底”,不顾任何后果反对议会法案。[37] 兰斯唐因为担心上议院陷于绝境,主张在议会法案问题上妥协,非同寻常地反转了他们之间的关系,兰斯唐成功将此观点强加给不情愿的巴尔弗。联合党领导因此建议沿袭威灵顿 1832 年创下的先例:法案返回到上议院时就提倡缺席;但又不阻止在人数不足的情况下对法案进行投票。[38] 当这个法案返回到上议院时,兰斯唐公开鼓励联合党贵族弃权。

然而,很难说服那些“开沟者”从预定的轨道上撤退。即使有一些联合党贵族弃权,“开沟者”也有足够的票数来反对该法案。兰斯顿的妥协呼吁驱使一些顽固派贵族公开造反。由牛顿勋爵推动的幕后协商接着出现了,他们要确保有足够的联合党贵族投票支持该法案,以便对抗顽固派的持续抵抗。又经过两天的辩论之后,面对下议院的反对,上议院不再坚持修正该法案的立场,8 月 11 日,议会法案在上议院以 131 票对 114 票通过了:83 位自由党议员、13 位主教和 35 位联合党议员(所谓的

---

〔37〕 关于顽固派,事实是他们并非主要是很少参与政治活动的上议院议员,参见 G. D. Phillips, *The Diehards*: *Aristocratic Society and Politics in Edwardian England*(Harvard, 1979)。

〔38〕 D. Southern, 'Lord Newton. the Conservative Peers and the Parliament Act of 1911', *English Historical Review*, xcvi(1981), 836.

“叛变贵族”)[39]投票赞成,有一些联合党议员和很少参与政治活动的上议院议员反对。随着两院的同意,国王在1911年8月18日批准了该法案。

3.3 议会两院或一院影响法案内容了吗?

尽管在两院经历了漫长的争论,但是议会法案还是只有少许修改就在议会通过了。只有4项主要的修改。或许,最重要的修改是法案第二部分,是在上议院被修改的,以确保贵族对紧急命令确认法[40]和任何“包含使议会任期延长超过5年的法案”拥有绝对否决权。有关延长议会任期的保护条款曾由厄
29 尔·温特顿议员和其他人在讨论1910年下议院决议时提出,[41]但当时政府一直反对这个提议,因而失败了。下议院考虑上议院的修改时接受了这一点,并最终成为法律。下议院接

〔39〕 关于叛变贵族,参见 Southern, ‘Lord Newton’; CC. Weston and P. Kelvin, ‘The “Judas Group” and the Parliament Bill of 1911’, *English Historical Review*, xcix(1984), 551-63。

〔40〕 从1980年以来就没有这类法案被提起,议事程序现在考虑此等步骤已经被废弃不用了。

〔41〕 Hansard, *Commons Debates*, 5th ser., xvi, col. 1252: 13 Apr. 1910.

受了一项政府修正案,要求议长在提交某法案"是财政法案"的证明之前,"如果可行的话,要咨询两位政府任命的人员"。下议院还接受了另一个修正案,是回答反对者的忧虑,即该法案不应该干涉地方税收。该法案第 1 条第 2 款修改后规定:"本节中的'税收''公共资金''贷款'等用语均不包括由地方政府或地方团体为地方目的筹集的税收、公共资金或贷款。"第四个富有实质意义的修正案是删除了该法案第 1 条第 4 款,它原本的规定是"对于财政法案,根据下议院议长的意见,不允许对其作任何使之不具有财政法案特征的修改"。政府意识到这对议会程序的限制实在太大。其他修正案要么没通过,要么没提出来。[42]

4. 这项措施的结果如何?

《1911 年议会法》短期最重要的结果是财政法案提前一年就通过了。如果无法完全确保《1910 年议会法案》最终能成为

〔42〕 关于该法案的修正案, 参见 Jaconelli, 'Parliament Bill', 277 –96。

法律，就会失去爱尔兰议员对预算法案的重要支持。他们最初对这个法案并不支持。爱尔兰议员坚决支持议会法，因为必须战胜贵族们对爱尔兰自治的反对。1914 年通过了《爱尔兰政府法》，因此，实现爱尔兰地方自治是《1911 年议会法》的第二项短期成果。《1911 年议会法》预期的直接效果是保障政府预算，废除了上议院在政府计划上的绝对的立法否决权。

然而，议会法为上议院留下的权力空间非常大，甚至可以说，上议院可以行使与 1909 年预算危机之前同样巨大的权力。议会法限制了上议院对大多数法案的否决权，同时也接受上议院可以搁置政府提出的法案长达 2 年。由于议会法并没有改变上议院组成上的政治不平衡，这种搁置权，同时伴随的还有将议会任期缩短至 5 年，事实上赋予上议院对议会第三年会期提出的任何措施享有一种“公投权”，即把问题搁置到下次选举时交给人民。因此，对阿斯奎斯来说，议会法还拿掉了他反对新教徒和民族主义者的常规性借口，因为上议院会阻止这种立法。[43] 所以，对于一个锐意改革的政府来说，该法并非包治立法难题的灵丹妙药。

---

〔43〕 A. Adonis, *Making Aristocracy Work*(Oxford, 1993), 158.

4.1 宪法含义与遗产* 30

《1911 年议会法》从程序上让内阁控制的下议院优先于世袭成员主导的上议院,解决了贵族们与选举产生的下议院之间宪法平衡问题上长期分歧,终结了议会两院立法权力上的平等。该法"迫使联合党领袖重新评估上议院在托利党/联合党政治中的角色,就像索尔兹伯里在 19 世纪 60 年代末所做的那样"。[44] 该法的原则是上议院不应当有权组织或拆散政府,其主要条款规定了上议院对下议院的法案只有搁置否决权。此后 100 年,对上议院的后续改革都接受了这两点。这种惯性能够保持不变,原因在于议会法维持了一种平衡,但又不是最佳平衡。对于激进的政治家来说,权力太大;对于保守者来说,权力太弱。

该法还把上议院改革的重大责任转移到政府肩上。在此之前,19 世纪或 20 世纪早期,所有的改革方案都与政府无关,或

---

* 下文没有"4.2",本处本不应该有"4.1"这种编排,但原文如此,为尊重原文,予以保留。——译者注

〔44〕 Adonis, *Making Aristocracy Work*, 157.

遭政府反对。从1909年起,历任政府都觉得有责任改革上议院,如果改革方案得不到时任政府的支持,就不会有实施的前景。[45]

议会法深刻影响了英国的宪政前景,不仅确立了搁置否决权,成为未来权力改革的起点,而且使宪政改革,包括上议院权力改革,不经上议院同意就可以通过。事实上,根据议会法程序通过的所有7部法律[46]本质上都可以说是宪法性法律,要么改变了正式宪法的某些内容,要么影响了人权的某些重要方面。支持议会法的那些人对此心知肚明。实际上,议会法制定时,曾有限制其适用于宪法性法律的修正案,但被明确否决了。

《1911年议会法》带来的宪政改革之一,是《1949年议会法》进一步限制了上议院搁置否决权的期限。《1949年议会法》

---

〔45〕 寇松勋爵在1921年写道:“事实上是第一次,政府本身被要求制定一个改革方案,而它必须保证承担起充足的责任感。”参见 Parliamentary Archives, PO/300/11: HLC Ist Conclusions, 26 Oct. 1921。

〔46〕《1914年威尔士教会法》(废除了威尔士教会的国教地位)、《1914年爱尔兰政府法》(确立了爱尔兰地方自治)、《1949年议会法》(进一步限制了上议院对下议院法案的搁置否决权)、《1991年战争罪行法》(溯及既往地授权对第二次世界大战以来涉嫌战争犯罪的人提出指控)、《1999年欧洲议会选举法》(为那些选举提供了封闭性的比例投票制)、《2000年性犯罪(修正)法》(与其他法案一起对《欧洲人权公约》作出回应,使同性和异性之间性行为的年龄平等)、《2004年狩猎法》(禁止带狗狩猎野生动物)。

和根据其规定通过的立法,后来遭到一些宪法学家的质疑。[47]这些权威专家认为,《1911 年议会法》设立的一种委托权力,即 31
国王和下议院在一定条件下可以不经上议院同意进行立法,既然是一种委托权力,未经上议院同意,就不能再对其进行修订。但是,1945 ~ 1949 年,在讨论这个问题时,内阁顾问并没有提出适用《1911 年议会法》规定的程序对其进行修订的有效性,因此,最终就成了《1949 年议会法》。

上议院上诉委员会在杰克逊案中审查了《1949 年议会法》无效的观点,并一致否决了这种说法。[48]《1911 年议会法》规定了不经上议院同意的立法权,除了该法明文规定的例外情况,不受其他任何含蓄条件的限制。根据《1911 年议会法》通过的法律都是基本法律,不是授权立法。贵族法官判决,《1949 年议会法》的制定有效适用了《1911 年议会法》的授权,因此,随后根

〔47〕 See H. W. R. Wade, 'The Basis of Legal Sovereignty', *Cambridge Law Journal*, xii (1955), 172 - 97.

〔48〕 有一些不同的理由,参见 *Jackson and others*(*Appellants*) *v. Her Majesty's Attorney General* (*Respondent*), [2005] UKHL 56。

据这些法律所制定的其他法律同样都是有效的。[49] 运用《1911年议会法》减少上议院搁置否决权的期限,也许是1909～1911年阿斯奎斯政府未曾预见到的,事实上,也未曾考虑过,但绝不是无意识的。

4.1.1 其他权力

尽管议会法废除了上议院对下议院议案的否决权,但给上议院保留了其他立法领域的实质性权力。对于下议院提出并首先表决的任何法案,上议院都拥有否决权,这项权力会对政府立法规划有重大影响。上议院还保留了次级立法的否决权。1911年时没有认真考量这项权力。1947～1949年修改议会法时也没有考虑。但是,这项权力曾使用过3次(1968年否决了联合国制裁南罗德西亚决议,2000年否决了两项有关大伦敦政府的规定),尽管这些措施后来都未经过度拖延就在上议院获得通过。如今,常常认为不要轻易适用对次级立法的否决权,因为它太严厉了。

---

〔49〕 然而,值得注意的是,多数法官贵族不认为可以根据自身权力修改议会法延长其任期,首先要废除延长议会任期的限制,然后才能延长议会任期。康希尔的宾厄姆勋爵,持有少数人的观点,认为两阶段法会有效。参见 Jaconelli, 'Parliament Bill', 296 n.64。

4.1.2 改革上议院组成

议会法塑造了上议院组成改革的未来进程,但它并未像该法前言所追求的那样,建立"一个民选的第二院来替代世袭制的第二院"。内阁里确实有些人希望缩减上议院否决权,继而对上议院进行更为彻底的改革。最知名的是格雷,他坚持把这个前言加到法案中。但是,自由党党员普遍支持搁置否决权的"坎贝尔-班纳曼方案"。对上议院组成的任何改革都会扩大其权力,因而妨碍自由党政府已经着手实施的社会福利化政策。阿斯奎斯内阁 1912 年下半年曾短暂地提到进一步改革的问题,[50]但是内阁从未就组成改革达成有约束力的结论。尽管国王在 1913 年的演说中提到上议院改革,但是阿斯奎斯内阁接下来一年都没有讨论过这个问题。1914 年 11 月战争爆发,政治日程表上又没有了上议院改革。就当时自由党关心的问题来说,议会法并不是个"未竟的事业"。 32

议会法前言影响了随后几年关于上议院改革的争论。尽管前言不具有法律效力,而且其中的观点在自由党内部缺乏广泛的基础,但是巴尔弗和他的保守党同僚依然将之作为辩论的依

〔50〕 TNA, CAB 41/33/62: 7 Aug. 1912; CAB 37/113/134: 17 Dec. 1912 (note by Herbert Samuel).

据，即不列颠存在“一部临时约法”。[51] 但是，对于继任的政府来说，改革上议院组成是第二阶段的问题。因为改革上议院组成除了难以达成协议、立法耗时之外，还不可避免地会创造一个更富有雄心的上议院，尽管有议会法规定，或可能恰恰是因为议会法规定，它将可能利用现在保留给它的重大权力。

5. 结论

议会法核心部分存在两个悖论。首先，通过限制上议院的权力，下议院面临将更稳健的搁置否决权合法化的风险，这至少在理论上可能使上议院在和平时期的权力更大；其次，对权力的限制是如此强烈，以至于不可能再通过改变组成来扩张权力。因而，议会法案为一个世纪的宪政改革拉开了帷幕，使通过其自身条款进行立法更为简便，同时又使在未来 100 年对上议院改革变得更为困难。

〔51〕 Balfour memorandum of 1 1913, quoted in Bogdanor, *Monarchy*, 123.

为现代选举制度奠基：《1918 年人民代表法》

罗伯特·布莱克本

本文研究了《1918 年人民代表法》的准备、通过及其后果。通常认为，这是起始于 1832 年的第四个也是最后一个“改革法”。它将大不列颠的政治变成了议会民主。这项重要的宪法性法律为英国当前的选举制度打下了基础。其最著名的是引入了成年人的普选权和妇女投票权，在选举领域创造了大量的新概念和新做法，包括在选区内居住作为投票的基础，同时将得票最多者当选制度化，而不是比例代表制。作为一个政治和宪法改革过程，其独特性实质上在于处理了一系列深受争议的原则和问题。关于战后时期最为迫切的公民重建问题，议会之间有过争论,但还是按照和谐精神通过了立法。

关键词:可选择性投票　投票　选民名册　选举权　下议院　上议院　立法　比例代表制　改革法案　人民代表法　争取妇女选举权

《1918 年人民代表法》确立了普选权,并在广泛领域引领了现代选举制度的基本要素。它回答了此前半个世纪引发激烈政治争议的改革问题,从妇女投票权到比例代表制。不仅其内容上具有极大的重要性,而且其提出和通过的方式,都使其成为 20 世纪最重大的宪政改革之一。与英国历史上其他所有具有震撼性质的改革不同,人民代表法案尽管在具体条款上饱受争议,但其制定体现了相互合作的精神,各方政治家都愿意接受妥协。

该法案 1917 年 5 月 15 日提交到下议院一读,1918 年 2 月 6 日得到国王御准。这部宪法性法律的通过及其时机最引人注目的地方是,消耗了大量时间,并做了复杂的准备工作,开始有 47 部分、9 种方案,废除了 50 部法律,另修改了 57 部。该法经过了冗长的议会辩论,并且,这些都发生在英国正面临最有创伤性和毁灭性的战争期间。然而,选举改革和战争同时发生,在很大程度上是该法案取得成功的一个关键因素。在 1914 ~ 1918 年的战争岁月,军队人员伤亡惨重,这个国家几乎所有的家庭都 34
沉浸在悲剧之中,这在整个政治界激起了一种共识,那就是战后这个国家必须是对所有人来说都是一个更好的地方,也就是"适合英雄居住的土地"。威斯敏斯特流行的观点是,那些看似难以处理的国内问题,尤其是与公民身份有关的议题,都应该正视并予以处理。

1. 人民代表法带来的变化

人民代表法案第 1 节规定,成年男子只要不属于法律上的限制行为能力人,并且满足居住条件,都有资格登记为某一个选区的议会议员选举人。因此,居住在某一个选区是拥有选举权的前提条件,此后选举法一直保留了这样的规定。法律规定拥有一定的居住期限是必要的,当时规定是 6 个月,后来的立法还缩短了,[1]之后改为年度内的某个固定日期,如今替换为流动性选民登记。[2] 该法第 5 节对正在服役的人作了特别规定,允许他们可以在服役地之外的任何选区登记。

该法第 4 节规定了妇女选举权,但比男性选民的年龄要求更高,要达到 30 岁。奇怪的是,当年晚些时候议会还制定了《1918 年议会(妇女资格)法》,废除了基于性别和婚姻状况剥夺某个人成为下议院议员的资格。因此,1918 年法律通过之后的几年里,妇女可以成为一名议员,对全国性立法进行投票,却没资格在全国大选时投票。呼吁选举权平等的压力促成了《1928 年人民代表法》,将妇女享有选举权的年龄缩减至 21 岁,与男性一致。

废除了复数投票。该法规定拥有多处房产因而在多个选区登记的人只能选择在其中的一个选区投票。[3] 企业营业场所选举权仍然存在,允许企业主在营业场所所在选区享有额外选举权。[4] 同样还保留了大学选举权,每个大学视为一个全国性

---

〔1〕《1926 年人民代表法(经济条款)》第 9 节表 3 将这个期限缩短至 3 个月。

〔2〕 See Robert blackburn, *The Electoral System in Britain*(Basingstoke, 1995), ch. 3; Electoral Administration Act 2006; and Political Parties and Elections Act 2009.

〔3〕 第 8 节。

〔4〕 第 1(b)节。

选区,允许某些大学毕业生享有额外投票权。[5] 但是,该法规定任何人都不能投两次以上的票,[6] 即便他们同时登记为居住地选民、营业场所投票人和大学选区投票者。该法还对重要选举行政事务进行了规定,包括投票人缺席时通过邮寄和授权代 35
理的有限方案,[7] 以及要求大选时所有选区的投票都应该在同一天举行。详细的规则与程序全都囊括在选民登记里。[8] 若要作为议员候选人参选,需要有资金担保。[9]

当人民代表法案 1917 年提交给议会时,设立了针对英格兰和威尔士、苏格兰、爱尔兰的 3 个独立边界委员会,[10] 它们向法案中增添了相当广泛的议席重新分配方案。[11] 这些问题在法案通过时争议最大,阻力最大。法案的建议是,在单一候选人选区采取可选择性投票制,在有两个以上议席的选区采用比例代表制。如下文所说,最后的结果是,这两种不同的下议院议员选

---

〔5〕 第 2 节。

〔6〕 第 8 节。第 22 节还规定了对超过合法次数投票者的处罚。《1949 年人民代表法》废除了营业场所和大学选举权。

〔7〕 第 23 节。

〔8〕 第 11 ~ 19 节和表 1。

〔9〕 第 26 节、第 27 节。

〔10〕 Cd. 8576(14 May 1917);Cd. 8585(16 May 1917);Cd. 8786(26 oct. 1917) respectively.

〔11〕 第 37 节和表 9。

举制都失败了,留下了简单多数制,即得票最多者当选,且贯穿整个20世纪。

2. 历史背景

讨论这部法案时,各党派已经接受了扩大男性选举权的主张,其背后是对民主本身的诉求。政治代议制理念上的转变尚不到90年。事实上,仅仅在1918年立法之前的50年,沃尔特·白芝浩——他的经典作品《英国宪法》依然在印行——强烈反对扩大选举权。他认为工人阶级"像牛一样愚蠢",形容他们是"与2000年前的大多数相比,文明程度几乎没有进步的一群人"。关于这种政治体制的消极后果,白芝浩说:[12]

人民政府的原则是,决定重要政治问题的权力属于人民,但不必然属于全体人民……直白地说,我担忧的是,我们的两个政党争相寻求工人的支持。只要告诉他们怎么做,他们就会投其

〔12〕 *The English Constitution*(1867; Fontana edn 1963), 62, 78, 277.

所好。也就是说,既然工人们现在手中握有对我们事务的投票权,两党都会祈求他们的选票。让富有且受到良好教育的人不断顺从一群贫穷无知者的决定,并争相去执行这种决定,我想象不出比这更腐败或更糟糕的事了。如果这样的话,人民的决定将会是可怕的。

1918 年法律被称为第四次“改革法”,其前身是 1832 年、 36
1867 年和 1884 年通过的人民代表法。[13] 就目标与过程而言,这些法律中的第一部即《1832 年重大改革法》与 1918 年法律显然不同。[14] 1832 年法律并不是由民主理念所推动的。事实上,该法的设计者“根本无意要引进民主制度”。[15] 该法主要的改

〔13〕 有关选举制度的更多的历史,可参见 I. Machin, *The Rise of Democracy in Britain, 1830 – 1918* (Basingstoke, 2001); Sir Ivor Jennings, *Party politics: Vol. 1: Appeal to the People* (Cambridge, 1960); 关于斯图亚特到维多利亚女王这段时期,可参见 J. Grego, *A History of Parliamentary Elections* (1892); 到了 20 世纪,可参见 D. Butler, *The Electoral System in Britain since 1918* (2nd edn, Oxford, 1962) and John Curtice, ‘The Electoral System’, in *The British Constitution in the Twentieth Century*, ed. V. Bogdanor (Oxford, 2003)。

〔14〕 与 1918 年法律在议会的通过相比,这部重大改革法是相当之艰难,参见 M. Brock, *The Great Reform Act* (1973); E J. Evans, *The Great Reform Act of* 1832 (1983)。

〔15〕 A. L. Lowell, *The Government of England* (New York, 1920), 206; and see G. Lowes Dickinson, *The Development of Parliament During the Nineteenth Century* (1895).

变是重新分配选区,而不是将选举权扩大到普通男女。它废除了陈旧的“腐败选区”,这些选区的臭名昭著在于那些来自地方的下议院议员事实上没有一个人是在当地居住。它并未大规模增加全国选民的规模。全国拥有上千万的成年人口,选民人数只从 509,391 增加至 720,784。重大改革法的成就在于预示着政治代议制变革时代的来临。从 1688 年“光荣革命”奠定宪法基础以来,这种政治代议制就几乎未改变过。1832 年法律真正的重要性不在于它自身所取得的成就有多大,重要的是它为宪法变革和几个世纪都一直停滞不前的代议制未来的改革开创了先例。[16]

在整个维多利亚时代,议会改革和选举法这个议题深深吸引了政治人物和律师等。在所有宪法问题上,关于此问题的争议最为激烈。涉及选举法的法案被多次提交到议会,知识分子们忙于酝酿新的代议制方案。

扩大民主政府的下一步是《1867 年人民代表法》的出台,即第二个改革法。它使选民规模增加了一倍,当时选民数量从 1,130,372 位增加到 2,231,030 位,而且在自治镇选区内确立了

〔16〕 Blackburn, *The Electoral System in Britain*, 67.

“一户一票”原则,尽管在仍然适用财产资格限制的郡县里还没确立。[17] 城镇与郡县之间这种显而易见的差距越来越难以站得住脚,1884 年制定的另一部人民代表法,即第三个改革法,使郡县选民的数量翻了不止一番。现在房屋所有者和租住者在选举权上实现了统一,每个年满 21 岁拥有一个体面住所的男子都拥有投票权。1884 年立法的结果是,在总共 17,394,014 位成年人口中,选民人口 4,965,618 位,约占总成年人口的 28.5%。[18]

在所有代议机构选举中,对于选举结果来说,采取的选区类型与投票方法同样重要。因此,就代议制政府的未来构造而言, 37
在 1884 ~ 1885 年进行的选区复查就是一件非常重要的事。《1885 年席位重新分配法》从根本上重绘了议会选区边界,它是以选民规模大体相似的原则为基础,利用了一个独立边界委员会的作用,由该委员会进行研究并为重绘选区准备建议案。[19]

---

〔17〕 但是房屋所有者和长期租户的财产资格从 10 英镑减至 5 英镑。

〔18〕 S. Gordon, *Our Parliament* (6th edn, 1964), 50 - 1.

〔19〕 值得注意的是维多利亚女王时期制定的重要法律,解决了 1918 年法律没要求留意的选举事务,并清理了早期存在的相当猖獗的腐败。最显著的是《1872 年投票法》,开创了秘密投票制度,1854 年和 1883 年《腐败与非法行为法》把一系列不能接受的选举行为列为非法。

这部法律使单一议员选区制常规化，而不是像此前那样作为例外。这对于1917～1918年考虑比例代表制的实施具有重要意义。

1918年立法之前，普通选举权的法律状况复杂难行。[20] 成为(或可以登记为)选举人至少有6种不同的居住条件，包括：(1)作为住户，只要他在同一个议会选区住满12个月，或者如果使用房屋的一部分，在这栋房屋里没有主人住在里面；(2)作为不动产所有权人，只要他持有财产6个月，除去所有开支外每年能产出40先令的纯收入；(3)作为房屋租赁者，只要每年的租金不少于50英镑，而且一个租期不少于20年，或者每年租金不少于5英镑，且一开始签订的租期就不少于60年；(4)作为占有者，只要所占的土地或房屋每年的价值有10英镑以上；(5)作为寄宿者，只要他在同一间房子里占有一个房间达12个月，而且占据的费用是10英镑或对于无家具的房间每周4先令，有家具的每周6先令；(6)作为服务行业选举权，包括教师、管理员、银行经理、佣人和其他人，他们免费住在雇主的房屋或其中一个房间，只要他们的雇主不是以该财产为基础的居民，都

[20] 这同时还有营业场所选举权和大学选举权，它们两个被《1918年人民代表法》所保留，参见上文，第34页。(注意此页码为原著的页码。——译者注)

可以行使投票权。

除了选举权本身的错综复杂之外,还存在影响个人的无数不公平情形。许多群体被剥夺了选举权,包括家庭佣人、与父母住在一起而没有属于自己家的人,以及那些因工作需要经常搬家的人。1902 年,一位中学教师给《泰晤士报》写了封备受关注的信,详细说明了他完全具有的资格——40 岁年纪,已婚,有合理的收入。但由于工作需要,他经常选择更好的工作机会,因此,大选时一直没有资格投票。[21] 但是,更受公众关注的是,由于公开游行和妇女参政者的积极工作,女性投票权显得更为重要。[22]

3. 1918 年立法的诱因 38

正如不列颠经常发生的那样,诱发这场重要宪政改革的因素是一个政治上的急迫事件。这就是与德国之间的一场持久的

---

〔21〕 *The Times*, 30 Aug. 1902.

〔22〕 参见下文第 43 ~ 44 页(注意此页码为原著的页码。——译者注);总体上,还可参见 N. Smith, *The British Women's Suffrage Campaign 1866 – 1928*(1998); P. Bartley, *Votes for Women 1860 – 1928*(1998); Christabel Pankhurst, Unshackled: *The Story of How We Won the Vote*, ed. Lord Pethick-Lawrence(1959)。

战争,大规模的人口迁移,成千上万的战士和水手留在海外缺席选举,需要一种适合战时状态的特别选举制度。

大选严重超期,上一次大选是在1910年12月,1915年年底应该举行一次。这本应是《1911年议会法》第七节规定议会最长任期为5年后依据新法进行的首次选举,[23]它修改了早在《1716年议会七年任期法》规定的7年任期。然而,连续的临时性立法延长了议会任期,每次的权宜性规定都延长将近一年时间。[24]《1916年议会与登记法》第1(1)节规定:"《1911年议会法》第7节的规定对于本届议会来说是可以适用的,就像5年8个月是可以被5年代替一样。"接下来,《1916年议会与地方选举法》第1节规定:"《1916年议会与登记法》第1节第(1)部分将可以生效,就像6年3个月可以被替换为5年8个月一样。"然后,《1917年议会与地方选举法》第1节规定:"《1916年议会与地方选举法》第1节第(1)部分将可以适用,就像6年10个月可以被更换为5年8个月一样。如此一来,《1916年议会与地方选举法》第1节就被废止了。"最后,《1917年议会与地方选

〔23〕 See Blackburn, *The Electoral System in Britain*, ch. 2.

〔24〕 See Robert Blackburn, *The Meeting of Parliament* (Aldershot, 1990), ch. 3.

举法(第二号)》第 1 节规定:“《1916 年议会与地方选举法》第 1 节第(1)部分将可以适用,就像 7 年 6 个月可以被替换为 5 年 8 个月一样。《1917 年议会与地方选举法》第 1 节因此又作废了。”大选不可能无限期地推迟,首先有很多议员认为把战争作为取消大选理由并不充分。帕木尔勋爵称延期是“一个宪法怪物”,[25]博纳·劳(Bonar Law)评论道:“对任何部门而言,延长其任期都是很阴险的事”。[26] 议会在讨论延长任期立法时有人指出,拿破仑战争是此前整个国家面临的最大威胁,在那期间,选举并没有暂停。1914～1918 年欧陆战争中,除了偶尔的齐柏林(Zeppelin)炸弹袭击外,不列颠并不受战争威胁。实际上,不举行选举最为重要的原因是,为选区编制选民登记册需要立法。

因而,内政大臣乔治·凯夫爵士在 1916 年夏天提出了一个特别登记法案。但至少可以说,当时提出这个法案时有点半心 39
半意,在议会里遭遇到了强烈的批评。[27] 因为这类特别登记制

---

〔25〕 Hansard, *Lords Debates*, 5th ser. , xx, col. 830: 6 Jan. 1916.

〔26〕 Hansard, *Commons Debates*, 5th ser. , cvii, col. 67: 8 July 1918.

〔27〕 议员温斯顿·丘吉尔先生评论说:“几乎每一位发言者,有意或无意,公然或意外,都在谴责议院的投票政策。右翼尊敬的绅士(乔治·凯夫爵士)对这个一般规则亦不例外……他对我们说:‘这是一个经不起风浪的法案,一个不合逻辑的法案,一个糟糕的法案,一个……因为它建立了一个假冒的选民登记’。”(Hansard, *Commons Debates*, 5th ser. , Ixxxv, col. 1949: 16 Aug. 1916.)

度会引发一系列其他的选举制度改革,但这个法案都没涉及,而且,这些是战前1905~1914年自由党政府时一直激烈争论的议题。换句话说,政府提出的登记法案只是激起了由于战争分散注意力而被潜藏蛰伏的争论。相当于它打开了一罐蠕虫,装的都是意识形态和具体实践,只有通过全盘性的选举改革才能解决。

地方政府委员会主席沃尔特·朗(Walter Long)向议会提出的解决方案是,召开一个所有党派参加的会议,化解意见分歧,提出一个大家都同意的全盘性立法方案。在向下议院提出这个想法时,他说:[28]

我本人确信,如果我们之间能达成一致,并且政府提供力所能及的协助,我相信它们会很高兴这么做,去组建一个代表大会,不仅代表各党派,还代表各社会团体,将能真正代表这三个议题上的意见:选举改革、修订选举权以及选民登记。我相信……由持有明确观点的热心人士组成的会议,互相批评,如果能够面对面讨论这些难题,如果我们全都渴望看到这个国家更美好的前景,汇聚全国人民的各种意见,就一定能在这三个问题

[28] Hansard, *Commons Debates*, 5th ser., lxxxv, col. 1949: 16 Aug. 1916.

上达成一致。

之后,他列举了这种方式的优势,可以在战争结束时及时在议会里顺利通过改革立法:[29]

那样,议会的工作将多么简单啊?困难清除了,立法通过了,必要的立法能迅速完成,那么,我想,一旦战争结束,重返和平,因为这些务实之人的贡献,你们将拥有一套制度,赋予他们有资格得到的权力……你们将赋予他们才能,不是无所事事,而是货真价实的那种,还为他们提供机会和机制,使他们可以记录他们的投票,让他们的投票和意见对帝国的未来发挥不可估量的作用,这样就能增强公务服务系统。实际上,他们已经在这样为国效劳了。

意识到这样一个会议需要一位赢得各个党派信任的正直的
协调人,才能按照设想组建起来,沃尔特·朗毛遂自荐。事实 40
上,这样做与敦促政府成立一个调查机构相比是更好的策略,特

〔29〕 Hansard, *Commons Debates*, 5th ser., Ixxxv, col. 1949: 16 Aug. 1916.

别是比按照1910年做法成立一个有关选举制度的皇家委员会要好,那个委员会提供了卓越的报告(自20世纪以来就有很多这样的报告),放在书架上,被尘封遗忘。[30] 朗是担当此任的合适人选,他朝着自己政治生涯的终点迈进,没有什么追求更高职位的野心:[31]

我认为,像我建议的这种会议,效果极好。我希望,在议会解散期间,这么短暂的时间内,我们能关注这个问题。如果本院任何议员或院外朋友肯邀请我参与组织这个会议,我将深感荣幸,勉力为之。我深信,相比于我知道的其他方案,这种方式更有可能帮助我们解决这些问题。尊敬的来自斯托克波特的议员先生在演讲中提出这种方式,正如许多关注此问题的人公开或私下提出过的那样。我要斗胆对议会说,不是去批评政府,或寻找这个法案的缺陷,而找到一种方法可以持久化解这个古老又艰难的问题,这是我们每一个人的责任。

[30] *Report of the Royal Commission on Electoral Systems*, Cd. 5163(1910).

[31] Hansard, *Commons Debates*, 5th ser., lxxxv, cols 1949 – 50: 16 Aug. 1916.

因此,接下来的几周,沃尔特·朗精心游说的这种会议,开始被议会政党接受。选举制度上有许多棘手问题,现在都必须予以解决。这种方法被公认为是达成某些广泛意见的最好机制。

4. 议长会议

当时没有举行议长会议的先例,这个会议就成了此类会议的第一个,关于它应该如何召开,实际上处于什么法律地位,都没有任何的指导原则可以参考。它就临时出现了,主要是通过沃尔特·朗的指导。这需要一个政治中立的政府官员作为会议主席,在决定会议构成及其职权范围方面,此人扮演着重要角色。最初决定任命一位高级司法官员作为主席,但这个决定因为上议院大法官巴克马斯特勋爵的态度泡汤了。他写信给首相赫伯特·阿斯奎斯说:"法官不应该脱离司法委员会去专注选举权,无论如何这都是不合适的。"[32]然后注意力就转向了一位政治中立的议会议员,即下议院议长。当时的议长是詹姆

〔32〕 Bodl., Asquith Papers, xvi: Buckmaster to Asquith, 18 Sept. 1916, quoted in Martin Pugh, *Electoral Reform in War and Peace* 1906 - 18(1978), 72.

斯·威廉·洛瑟,后来是厄尔斯沃特勋爵。他对这个任务很感兴趣,9月底,由首相赫伯特·阿斯奎斯邀请来主持这个会议。1916年10月1日议会暑期休会之后重新开会之前,他就表明正式接受这一邀请。

41 与会的主要是长期担任下议院后座议员的人,同时还有少数几位前排资深政治人物,包括约翰·西蒙爵士和索尔兹伯里勋爵。这在议会政党中具有跨党派的代表性。他们中有些人是因为在选举事务上富有学识才被挑选出来,如威洛比·迪金森。[33] 1916年10月12日,在沃尔特·朗地方政府委员会的办公室里举行了首次会议,通过了下列会议职责:“审查,并在可行的情况下提交关于下列事务的决议:(1)选举权改革;(2)议席重新分配的依据;(3)选民登记制度改革;(4)选举方法和选举费用的负担方式。”1917年1月26日,举行了最后一次也是第26次会议。因此,所有政党参与对话和解决分歧的时间不过是三个半月。

洛瑟议长关心的是,不能让会议在极度琐细的问题上停滞不前。1917年1月27日,最后一次会议的第二天,他就向首相

---

〔33〕 See *Conference on Electoral Reform*, *Letter from Mr Speaker to the Prime Minister*, Cd. 8463(1917).

提交了一份 8 页纸的报告,列举了 37 项立法改革建议。这份简短的文件后来成为人民代表法案的权威蓝本。其建议内容包罗万象,涉及新的选民登记制度,以居住地为基础扩大男性选举权,赋予妇女投票权,为士兵和海员建立战时选民登记制度,允许大学代表制度继续存在,为席位重新分配制定规则,明文规定所有的投票都应该在同一天举行,为议员候选人引入了交纳保证金制度,把比例代表制作为多议席选举方法,把可选择性投票作为单个议席选举方法。会议一致通过了他的这份报告,除了有关妇女投票权这一块有不同意见外,当然,多数人原则上还是赞成妇女投票权的,只是设定了 30 岁和 35 岁这样两个选项留待议会自己斟酌。

5. 立法在议会获得通过

会议举行最后一次聚会时,唐宁街 10 号已经易主。1916 年 12 月 6 日,大卫·劳埃德·乔治取代了赫伯特·阿斯奎斯,组建了一个新的战时联合政府。议长会议报告如今会成什么样子呢?早期由 1910 年皇家选举委员会对选举制度做的调查报告已经销声匿迹。[34] 选举制度立法需要政府动议,推进发展。在严峻形势弥漫全国之时,劳埃德·乔治全身心投入战事,准备这样一个具有重大意义的改革法案,即使不是完全没有可能,也是很有可能遥遥无期的。此外,下议院还有一个抵制改革法案的联合党强硬领导核心。上议院更是如此。

42 劳埃德·乔治支持基于议长会议建议进行立法,但有所保留,主要是这个法案对联合政府可能造成的破坏性后果,以及这个法案是否会妨碍他在时机合适时自由采取行动以解散议会。然而,两个月后,乔治所有的疑惑都被赫伯特·阿斯奎斯化解了。阿斯奎斯现在是反对派领袖,他独自决定在下议院就议长会议报告提出动议。1917 年 3 月 28 日,阿斯奎斯先生动议说:“本院见证了对议长先生的感谢,感谢他在主持选举改革会议上的贡献,本院的意见是,应当按照会议报告提出的解决方案,从速制定法案。”[35] 考虑到阿斯奎斯以前是知名的妇女选举权反对者,[36] 以及他自 1915 年以来作为首相在演讲中阐述战争排除了议会处

---

〔34〕 *Report of the Royal Commission on Electoral Systems*, Cd. 5163(1910).

〔35〕 Hansard, *Commons Debates*. 5th ser., xcii, col. 462: 28 Mar. 1917.

〔36〕 在有关其动议的辩论期间,他宣称已经改变有关妇女选举权的主意了,参见下文第 44 页、第 48 页。(注意此为原文页码。——译者注)

理选举权和选举改革的问题,所以他以这种方式介入这个问题多少有点令人惊讶。经过 7 个小时的辩论之后,劳埃德·乔治和博纳·劳也发表了看法,以令人惊讶的多数(343 票支持,* 64 票反对)通过了支持该法案的决定。〔37〕 投票结果显示,支持者有 188 票来自自由党,79 票来自统一党,51 票来自爱尔兰民族党,24 票来自工党,而投反对票的就只有统一党的 64 位成员。这表明,该法案的通过没有遇到劳埃德·乔治和内阁所担忧的那么多麻烦。

立法院里的气氛随着事件和环境而改变,并对议员行为有着强大影响。1917 ~ 1918 年,下议院及其展现出来的总体行为模式与战前形势有着截然差别。这里有两个主要原因:第一,大约有 160 位议员因在前线服役而缺席,这降低了主要争论的激烈程度,意味着到场投票的人数比以前更少,投票结果的可预测性更小;第二,政党的政治忠诚度宽松,随着议会政党内分歧的公开化,形成了跨党派的联盟。〔38〕 议员受到的党派组织纪律的

---

* 根据下文关于支持者的票数列举,此处票数应为 342 票,但原文此处为 343 票。——译者注

〔37〕 Hansard, *Commons Debates*, 5th ser., xcii. col. 566: 28 Mar. 1917.

〔38〕 有关这个时期政党政治的评论,可参见 R. C. K. Ensor, *England 1870 – 1914* (Oxford, 1963); Brian Harrison, *The Transformation of British Politics 1860 – 1995* (Oxford, 1996)。

约束比正常情况下要少。就政府对人民代表法案的偏爱而言，联合内阁决定把议长会议的建议案作为它们的立场，无须变动，在其最富有争议的两件事情上——妇女选举权和比例代表制——允许进行自由投票。

没有任何政党领导人试图去不适当地影响后座议员。首相劳埃德·乔治根本就没参与议会对该法案的通过。在法案中最具争议和费时最多的问题即比例代表制上，他宣称自己不知道。他在下议院声明："对这个问题，我不发表个人意见。我对此一无所知。我从未有自己的想法，而且我真的没有时间关注这个
43 问题，除非迫不得已，我根本不建议在战争期间去研究这个问题。"[39]然而，这也意味着议员们在批评法案中不喜欢的部分以及列举修正案时，比正常时期更不受拘束。

〔39〕 Hansard, *Commons Debates*. 5th ser., xcii, col. 492: 28 Mar. 1917. 从其个人的谈话——由他的朋友《曼彻斯特卫报》编辑 C. P. 斯科特记录，在特雷弗·威尔逊主编的《C. P. 斯科特的政治日记》(1970 年)——来看，关于比例代表制问题劳埃德·乔治所展示出来的个人观点是飘忽不定的。1917 年 1 月 28 日，斯科特记录劳埃德·乔治的话说，他对比例代表制的态度是要么全部支持，要么完全不支持(第 259 页)；然而，在 1917 年 4 月 3 日劳埃德·乔治又与斯科特争辩说他赞成比例代表制，说它是"打败民主的一种装置"，并"给议会带来各种跟风者"(第 274 页)。卸任之后，劳埃德·乔治后悔没有实施比例代表制，源自 1925 年 11 月 13 日至 14 日的日记记载，劳埃德·乔治说："在 1918 年应该有人来到我身边，并启动整个事件。那时我还没有转变态度。当我还是首相的时候我应该实施它。"(第 485 页)

异乎寻常的是,这个法案在议会两院一读时,纯属正常地走形式程序,竟然就一些问题展开了辩论。在下议院讨论时受制于10分钟的程序规则,当时已经升任殖民地事务大臣的沃尔特·朗代表生病的内政大臣乔治·凯夫爵士出席。他叙述了该法案的宗旨,解释说:"在准备这个法案时,我们严格遵循了议长会议提出的建议案。"〔40〕二读时,允许对法案的一般原则进行深入讨论,列举了支持或反对法案条款的理由,澄清了下议院的底线。两天的辩论趋于结束时,投票表决开始了,结果331位议员投赞成票,〔41〕只有42位议员反对。

当时,整个议会委员会花了23天时间对法案细节逐条进行了审查与讨论,到提交报告阶段〔42〕并准备进行三读时,〔43〕允许把它提交上议院,法案的大多数条款都得以通过。最集中讨论的两个地方是妇女选举权和投票方法,同时,在大学的额外选举

---

〔40〕 Hansard, *Commons Debates*, 5th ser., xciii, col. 1493: 15 May 1917.

〔41〕 二读过程中所有投票赞成的,自由党和工党投票结果相类似,联合统一党的支持票则上升到110票。与早先的3月28日辩论时比较,票数有所下降,原因是爱尔兰民族党缺席了。42票反对票都是由联合统一党投的。

〔42〕 Hansard, *Commons Debates*, 5th ser., xcix, cols 613 – 730, 1035 – 152, 1209 – 325, 1406 – 520, 1673 – 799. 179, 2277 – 448: 15, 20, 21, 22, 26, 28, 29 Nov. 1917 respectively.

〔43〕 Hansard, *Commons Debates*, 5 Sth ser., c, cols 265 – 382, 456 – 572, 677 – 795, 819 – 28: 4, 5, 6, 7 Dec. 1917 aspectively.

权、复数投票的限制,[44]以及对拒绝服兵役者暂时性剥夺其在选区投票之资格等问题上亦耗费了相当多的时间。[45]

关于妇女选举权,该法案第 4 条规定年龄为 30 岁,这在各
44 个政党之间已有多年的支持。然而,实质性的抗议依然存在,[46]早先内阁中的资深人士一直不愿意解决这个问题或提出立法措施。前任首相赫伯特·阿斯奎斯素来以反对这个而著称。所以,1917 年当他向下议院宣称在这个问题上他已经改变主意时,公众显示出了极大的兴趣。他列举了这么做的几项

---

〔44〕 多年来自由党的政策是废除复数投票法。众所周知,根据现行法律大多数有资格投票且拥有一次以上投票权的选民是保守党人。1906 年,一项废除复数投票的法案由自由党政府提交给了议会,并在下议院获得通过,但被上议院抛弃了。

〔45〕 法案第 9 部分第 2 节规定剥夺拒绝服兵役者 5 年的投票资格。法案中原本没有这个条款,它是由下议院里的罗纳德·麦克尼尔提出修正案后添加进去的。麦克尼尔说:“我一点也不怀疑,他们中的大多数人是真诚的,同时我一点也不怀疑他们中有些人是不诚恳的。但是在这方面,一个人不可能从一群山羊中分离出绵羊来。”参见 Hansard, *Commons Debates*, 5th ser., xcv. cols 307–8: 26 June 1917。

〔46〕 在这个问题上不存在正式的政党观点。1912 年,正处于劳工运动兴起之时,一项决定在选举权改革的年度会议上通过了,它要求议会党派“在这个问题上毫不含糊,即对于不包含妇女的劳工和社会主义运动来说,没有一个法案是可以接受的”。[R. Miliband, *Parliamentary Socialism*(2nd edn, 1972), 24]然而,在 1917 年 3 月 20 日的政党会议上,由希尔维亚·潘克赫斯特支持的一项动议即“成年人的充分选举权”在卡片上投票时失败了,结果为 2,662,000 : 88,000。与此同时,一项呼吁赋予妇女与“男人同等基础之上”的选举权修正案亦以失败告终(*The Times*, 21 Mar. 1917)。

理由:[47]

我很高兴有这个机会公开我在这个问题上的心路历程。我对妇女选举权的反对完完全全建立在对公众有利的考量之上。我想,多年前我冒昧地运用了这个表述:“让女人成为她自己的救世主。”好,先生们,在这场战争上,她们已经解决了这个问题。没有她们,我们怎么打这场战争呢?由于在战场上缺乏承受武器重量的能力,那里几乎没有一项任务女人可以承担下来或者正在承担,在捍卫我们的事业方面,女人至少不可能与男人一样富有活力并快捷高效,但无论走到哪里,我们反而看到她们带着热情和成功在做……这种3年前还完全被看作专属于男人们的职责。这不单纯是一个情感上的争论,尽管它涉及我们的情感以及我们的判断。但是,我坦白的是,在这个事情上依然触动我的,是战争结束后的重建问题。那时,有关妇女在各种新秩序面前的工作、作用和活动等问题必然会出现。因为,毋庸置疑,旧秩序将会被改变。对于这些问题,我个人认为,要获得持续公正或适宜的解决,剥夺妇女权利,不能直接听到她们的声

〔47〕 Hansard, *Commons Debates*, 5th ser., xcii, col. 469: 28 Mar. 1917.

音,是完全不可能的。

他的观点反映了议会上下在这个问题上的转变。他还正面提到了争取妇女参政权论者。在3年战争期间,这些人控制住了臭名昭著的公害、自残和恐怖主义方案。在很多地区,这些方案都对妇女的选举权构成了伤害,并使决不向暴力威胁行为屈服让步的政治人物更加坚定其反对立场。正如阿斯奎斯所言,“让我附带说明一下,自从战争开始,到现在差不多有3年了,这个国家还没有重复出现那种损害政治鼓动记录的丑恶竞选。现在没有一个人会争辩说,我们正在向暴力妥协投降”。[48]

人民代表法案的原始版本遵循了议长会议的建议案,[49]用新的投票方法代替传统的简单多数制。像上文提到的那样,在
45 有3个或3个以上议席的选区实行比例代表制,使用单一可转让选票,在单一议席选区则实行可替代性投票制。事实证明,正是这些建议案成为法案在下议院最有争议的内容,同时也是上下两院不能达成一致意见的方面。

当年早些时候成立的边界委员会在某种程度上已经破坏了

[48] Hansard, *Commons Debates*, 5th ser., xcii. col. 470: 28 Mar 1917.

[49] HC Bill 125.

比例代表制。根据内政大臣、苏格兰国务大臣和爱尔兰国务大臣的授权,[50]成立了 3 个关于英格兰与威尔士、苏格兰和爱尔兰的边界委员会,审查和决定议会选区的边界和分配给每个选区的议席名额,并拟将他们提出的建议纳入即将提出的人民代表法案。然而,随着下议院在 1917 年 6 月 18 日一项决议的作出,这个英国委员会的职责范围随后在 6 月 22 日发生了变化,其大意是"委员会委员决定的前提是不能采用比例代表制"。[51]这一点仅仅是勉强通过,对这项决议的投票结果是 149 票赞成,141 票反对。

内政部部长在提交法案二读时解释政府法案选举方法的理由。比例代表制能够确保可以选举两个或更多议员的较大选区里,重要的少数群体不会完全没有下议院里的议员代表。[52] 他说,目的"不是保护多数不失去代表,而是防止少数整体被根除"。单一议席选区实行可替代性选举方法,理由是被选举人

〔50〕 Cd. 8576(14 May 1917), Cd. 8585(16 May 1917), Cd. 8919(19 Jan. 1918) respectively.

〔51〕 *Letter Amending Instructions in Accordance with Resolution of the House of Commons*, Cd. 8670(1917)。

〔52〕 Sir George Cave: Hansard, *Commons Debates*, 5th ser., xcii, col. 2139: 22 May 1917.

应该得到选区内多数选民的投票。乔治·凯夫爵士对下议院说,“这项规定的目的在于防止只代表少数选民的代表当选,因为有可能另2位候选人分裂了多数人的选票”。[53]

种种支持与反对这种投票方法的理由都提了出来。但是,一个强有力的决定性因素是,相当多的议员保留现存单一议席选区的既得利益,避免他们自己的选区被重新划分边界,从而不得不在新成立的更大的选区与其他人进行竞争。8月的委员会审议阶段,正式提出了选举方法的修正案,比例代表制被否决了,由可选择性投票制在受其影响的选区取而代之。[54] 它以一票之差获得通过,即126∶125。在报告阶段,下议院以150∶121的得票支持了用可选择性投票制取代比例代表制,[55]但大学选区继续保留单一可转让投票制。因此,虽然议长会议一致支持比例代表制,但下议院3次投票将其否决,而支持可选择性投票制。

然而,上议院的分歧主要是现在如何着手。第二院花了7

〔53〕 Hansard, *Commons Debates*, 5th ser., xcii, col. 2138: 22 May 1917.

〔54〕 Hansard, *Commons Debates*, 5th ser., xcii, cols 605 – 704: 9 Aug. 1917.

〔55〕 Hansard, *Commons Debates*, 5th ser., xcii, cols 1406 – 502: 22 Nov. 1917.

周提出修改意见,并在 1918 年 1 月 30 日将其交还给下议院。 46
可选择性投票制被删除了,在 3 ~ 5 个议席的选区恢复了比例代表制。[56] 下议院围绕选举方法进行了 11 个小时的辩论后,以 223 : 113 的得票否决了上议院的修正案。[57] 给上议院的理由是,“他们不希望适用比例代表制,尤其是考虑到它将导致这个法案推迟通过”。在单一议席选区,他们再次推荐可选择性投票制,“因为他们希望坚持这个选择性投票方法”。

与以前相比,如今这个事情获得了更高的社会关注度。1 月,工党在其年度会议上正式将比例代表制列为党内支持的政策。大量新闻报道关注这个话题,如《曼彻斯特卫报》就陈情表示支持上议院的立场,工党说:[58]

> 上议院并不孤单,他们背后有强大的支持,因为他们恰好在这件事情上是正确的。与其对手相比,不管他们有什么好听的理由,从中获取什么好处,上议院支持一个更加民主化的原

---

〔56〕 参见报告阶段:Hansard, *Lords Debates*, 5th ser., xxvii, cols 1236 – 40: 28 Jan. 1918。

〔57〕 Hansard, *Commons Debates*, 5th ser., ci, col. 1704: 30 Jan. 1918.

〔58〕 28 Jan. 1918.

则……事实是,在这个问题上,上议院真正履行了第二院的功能,在这个明显需要重新审议的问题上,它给人民普选的议院一个重新审议的机会。

2月4日,法案又送回第二院重新审议。上议院再次否决了可选择性投票,通报下议院说,它这么做是“因为在上议院看来,采纳可选择性投票将给选举带来严重的复杂局面,而没有任何好处”,因而他们坚持比例代表制,尽管只在全国非常有限的地方才适用。第二天,下议院再次否决了上议院的修正案,通报上议院他们的理由在于,“他们认为,像上议院现在提倡的部分适用比例代表制至少与最初的建议案一样面临众多异议,尤其是考虑到来自受其影响的一些主要选区的代表已经对此表示了强烈的反对,因而他们不愿意采纳”。下议院还希望恢复可选择性投票制,但这次的得票是195∶194,只多出一票勉强通过。[59]

1918年2月6日,法案第三次重返上议院,此时会期临近结束,议会休会仪式安排在当天晚些时候。如果达不成统一意

〔59〕 Hansard, *Commons Debates*, 5th ser., xxx, col. 2198: 5 Feb. 1918.

见,整个法案将面临失败。一场紧急商谈在上下两院之间开始了,有关同意与不同意的信息传递频繁,结果是达成了彼此同意的折中方案,放弃可选择性投票,比例代表制的适用限定于成立一个皇家委员会来准备试点方案。当天晚些时候,法案得到御准,正式成为法律。

两个月后,4 月 13 日,根据妥协建立的皇家委员会公布了 47
比例代表制实施方案,这将影响到新扩大的 24 个选区的 99 位议员。[60] 接下来的一个月,下议院就此进行了辩论,并悄悄地否决了它。[61]

在比例代表制与可选择性投票问题上,政府没有“插手”,允许议员自由投票;从将一个完整的法案变成法律的角度来看,也许是明智的。劳埃德·乔治确实说过,他相信议长会议并不希望通过对比例代表制施压而伤害到建议案中其余部分。他说,比例代表制并不是他们改革计划中“必不可少的内容”。[62] 假如政府

---

〔60〕 *Report of the Royal Commission on a Scheme for Proportional Representation*, Cd. 9044(1918).

〔61〕 Hansard, *Commons Debates*, 5th ser., cvi, cols 63 – 117: 13 May 1918. 关于这个决定的投票结果是 110 票赞成,166 票反对。之后决定:“本院意见是,议会代表方法的变革和报告采纳的选举方法都不明智。从本性、程度或者地方要求的结果上来看,这个计划都是不公正的;本院谢绝在这个问题上继续往前走。”

〔62〕 Hansard, *Commons Debates*, 5th ser., xci, col. 492: 28 Mar 1917.

在这个问题上已经有自己的决定,那它可能就会动摇下议院的意见。考虑到上议院已经拒绝可选择性投票,政府下决心支持这个改革将可能摆出一副明显反对上议院的威胁性姿态,特别是关于第二院未来的改革规划当时还处于皇家委员会的审查之下。

6. 立法的教训与后果

《1918 年人民代表法》除了在实践上改革大不列颠的投票与选举制度之外,对于宪法还具有重大的象征意义。它在不列颠的政治生活中神化政治平等原则,解决了整个 19 世纪争论的问题,即允许人民大众选择主人是否明智和有效。现在人民尽管还深陷根深蒂固的社会等级之中,但可以说他们生活在民主制度之下。如前所述,允许妇女参与政治生活,直接导致 10 年后《1928 年议会(妇女资格)法》把她们的投票年龄降到 21 岁,与男性平等。

如何从政治上解决这项激进且富有争议的改革,将其纳入法典之中,从这个独特的宪法性法律中可以学到一些重要的教训和先例。首先,在宪政改革中,个人魅力很重要。人民代表法案能得以通过,很大一部分功劳要归于大卫·劳埃德·乔治。乍一看这是个很令人吃惊的说法,根据前文所述,首相在议会辩论这个法案时显然不在场,而是把它留给了内阁同僚尤其是内政大臣乔治·凯夫爵士来引导。然而,事实上,任何重要的宪政改革都必须有强有力的领导,并且,不管何种领导,都一定是来自唐宁街 10 号。没有唐宁街 10 号的支持,任何议题都不会转变为法律。马丁·皮尤写道:“荣誉应归于他,因为他带头倡议 48
并冒险推动;之后他把这个工作留给其他人,是因为相信与法案自身相比细节就不那么重要了。”[63] 首相有精神力量和政治决心来支持和推动这个立法沿着唐宁街 10 号设定的方向向前发展,与此同时,他不允许自己偏离(偏离了就要受到批评)督战的重要职责。

事实证明,在下议院采纳赫伯特·阿斯奎斯提出的委员会报告,对于这项改革来说,如果不是完全必要,也是相当巧合的。[64] 身为首相的劳埃德·乔治与前同事阿斯奎斯——先是被罢免了首相职位,继而成为反对派领袖——之间的复杂关系,引发了一系列事情,事实证明,这些事情对法案的前景颇为有

〔63〕 Pugh, *Electoral Reform in War and Peace 1906 – 18*, p. 89.

〔64〕 See above, p. 42.

利。阿斯奎斯担任首相时,并没有打算触及选举改革。1910年,他掩盖了皇家委员会关于选举制度的报告。战争期间,他在议会的几次演讲中明确反对就选举制度改革进行立法。例如,他在1916年8月说:[65]

虽然任何时候都不敢说,我和我的同事们在所有关于谁应该享有选举权的问题上达成了共识,但选举权问题纷繁复杂,意见纷呈,各方观点即便不是无法抗拒,也都貌似合理,所以,在我和我的同事们看来,好像没有任何事比广开选举权问题对这个国家的最大利益更加有害,对战争的进行更具破坏性,对举全国之力更为致命。在当下的战争阶段,下议院应当搁置这些议题,交给公共讨论,同时,我们不应该专注于什么是我们独特的至高目的,而应专注于从实践中思考我们选举制的基础。

---

〔65〕 Hansard, *Commons Debates*, 5th ser., Lxxxv, col. 1451: 14 Aug. 1916. 在前一年的另外一次演讲中,他说:"作为一个民族我们所有的努力和能量都集中于战争之上……在这个时候去从事有争议性的立法或对可能的社会与政治改革进行或长或短的学术讨论,对于一个具有良好判断能力的民族来说,我认为这不但毫无意义,而且是一种冒犯。"参见 Hansard, *Commons Debates*, 5th ser., lxix, cols 46–7: 3 Feb. 1915。

那么,为什么是阿斯奎斯一年后在下议院动议进行选举权和选举改革立法呢?[66]他的观点发生改变了吗?他会因为7年首相任期本有足够机会处理这么重要的事务却没有做而羞愧吗?他会因为相信自由党同仁将在大选中惨败所以用此阻挠解散议会吗?[67]或者,他认为这项立法任务不可能成功,将会以政治灾难或让首相受辱的方式结束而故意让议会投票使劳埃 49
德·乔治难堪?不管阿斯奎斯真正的动机是什么,或者没准这四种动机都有,结果都是贡献了或许是劳埃德·乔治首相生涯唯一的自由主义成就。

尽管各党派就宪法性立法问题开展非正式对话是有先例的,包括1884~1885年人民代表法之前进行的跨党派对话,[68]但是1916~1917年议长作为会议主席的想法还是非常成功的,因此成为后来各党派进行选举难题对话的典范。洛瑟议长本人就又参与主持了两场对话:1919~1920年关于权力下放问题,

---

〔66〕 See above, p. 42.

〔67〕 相信这个因素影响到阿斯奎斯,从他1917年3月28日动议对议长会议报告进行辩论时使用的相当夸张的语言中可以得到证实。当时他说那一年举行大选是"极端不理性的"。参见Hansard, *Commons Debates*, 5th ser., xcii. col. 463。

〔68〕 See David Rolf, 'Origins of Mr Speaker's Conference During the First World War', History, lxiv(1979), 36-46.

1929～1930 年(退休之后)关于比例代表制与可选择性投票问题,尽管这些对话都没能影响立法。

然而,1944 年几乎完全是 1916～1917 年会议的翻版,也是处于战争时期,同样是议会被连续延长一段时期之后,当时在审查议席的重新分配和选举权改革问题、选举的实施与成本以及选举方法问题。当时的内政大臣赫伯特·莫里森在帮助创建这样一个会议时,向下议院解释说:[69]

> 我们认为,它和以前的做法实质上没什么两样。我们建议,首相应该送封信给你,议长先生,请你主持会议……议长会议要尽可能代表所有的政治党派,将会同意重新分配议席的原则和边界委员会委员的指示说明。如果他们这么做,我将感激不尽。它将把我从令人厌恶且反感的工作中解救出来。而且,我认为,这种工作就应该按照此种方式来完成。各政党应该在议长的主持下,坐下来,尽力公平友善地解决他们行事的原则。

---

〔69〕 Hansard, *Commons Debates*, 5th ser., cccxcvi, cols 1166, 1160: 10 Feb. 1944.

它的报告[70]催生了《1944 年人民代表法》,废除了居住期限的要求、复数投票以及营业场所与大学选举权。《1944 年下议院(议席分配)法》设立了一个永久性的机制即独立的边界委员会,未来在议长的主持监督下解决议席分配问题。[71]

此后,还举行过 5 次议长会议,都是涉及议会代表问题。1965 ~1968 年,希尔顿 – 福斯特议长,之后是金议长,主持各党派对话会议,处理投票年龄、选民登记、选举的方式与实施、选举费用、广播利用和选举申诉等问题。在同意主持会议时,议长希尔顿 – 福斯特告诉下议院说,审查直接援用 1916 年和 1944 年的先例。[72] 它的报告提出了 71 种建议,其中有 60 种被内政大臣詹姆斯 · 卡拉汉代表政府接受了。[73] 在接下来的 10 年期
间,1973 ~1974 年塞尔文 · 劳埃德议长主持了一个有关选举登 50
记的会议,[74]1977 ~1978 年托马斯议长主持了一个考量北爱尔

[70] *Conference on Electoral Machinery and Redistribution of Seats*, Cmds 6534, 6543(1944).

[71] 自那以后该立法被进一步修订了,并通过 1986 年议会选区法修正法而得到巩固,参见 Blackburn, *The Electoral System in Britain*, ch. 4。

[72] Hansard, *Commons Debates*, 5th ser., dccxii, col. 520: 12 May 1965.

[73] Hansard, *Commons Debates*, 5th ser., dcclxix, col. 576: 24 July 1968.

[74] *Conferene on Electoral Law*, Cmnds 5363, 5469., 5500, 5547(1974),它促使《1974 年人民代表法》问世。

兰地区议会选区数量的会议。[75] 30 年后的 2009 年,根据首相动议,再次使用这种寻求共识的机制,审查并提出有关女性和少数种族代表的建议案,以及是否应该把投票年龄降至 16 岁和实行周末投票选举的问题。[76]

和平时期激进的改革,当然是有关宪法的,差不多都是顶着反对派的压力通过议会来推动。即便如此,20 世纪里,政治体制有序运行,当形势需要时能就原则问题达成一致,这种能力在两种最为严峻的紧急情况下,即在第一次和第二次世界大战期间,议会回应组建全国性联合政府时清楚地展现出来了。毋庸置疑,《1918 年人民代表法》所带来的诸多变化将在随后的岁月里接受考验,但其确切时机很大程度上应归功于由战争所推动的对共识的追求。正如洛瑟议长所证实的,[77]

---

〔75〕 *Conferene on Electoral Law*, *Letter from Mr Speaker to the Prime Minister* Cmnd. 7110(1978).

〔76〕 关于议长所宣称的会议提议出来的职权范围问题,可参见 *Hansard*, *Commons Debates*, 6th ser. , cdhxxix, col. 912: 12 Nov. 2008。有关下议院针对会议所做的决定,可参见 *Hansard*, *Commons Debates*, 6th ser. , cdlxxxii, col. 912: 12 Nov. 2008。

〔77〕 *Conference on Electoral Reform*, *Letter from Mr Speaker to the Prime Minister*, Cd. 8463(1917), 8.

> 我愿意证明,在努力化解他们所面临的困难方面,会议所有成员都展现了令人钦佩的脾气和调和妥协的性情。我确信,他们内心怀抱着友善解决这些棘手难题的伟大愿望,因为这些问题有可能激起严重的国内冲突与内部摩擦。那时几乎整个国家的力量都集中于富有成效的战争之中,他们也很渴望为这个国家提供一种可以证明是价值最高的服务,为这个国家提供一个真正具有代表性的下议院,一旦恢复和平,允许他们冷静客观地思考时,能够并且高效地处理不得不面对和解决的各种复杂难题。

该法具有更为广泛的效果和深远的影响,并间接地重新调整了宪法架构下几乎所有部门之间的关系与功能。通过平衡与第二院的权力,广泛提升了下议院的权威。普选权对于工党成功夺取作为左翼进步党的自由党以前的位置有多大贡献值得商榷;但很清楚的是,工党的基层组织和工会联盟在获取刚刚得到选举权的劳工阶层的选票方面发挥了重要作用。在宪政理念上,普选权促进了授权理论,不管政府行为所具有的宪法或道德基础如何不可靠,其正当性更多是参照此前竞选纲领中包含的 51

政策措施。[78]

然而,该法最重要的后果还是源自下议院决定不采纳议长会议所提出的有关比例代表制的建议。上文已经提到,1884～1885年改革的遗产是产生了大多数的单一议席选区,导致很多下议院议员面临着失去席位或由于激进的边界审查带来的严重不便,所以没有支持这些改革。整个20世纪里,一而再地见证这样一个事实,即在我们宪法史上的关键时刻,政治人物都是一贯地按照他们自身的既定利益来采取行动和投票,只有少许政治上的纯粹主义者和那些即将退休的人才会真正根据他们自己的宪法判断和道德良知采取行动。默认支持简单多数(或曰得票多者当选)选举制对20世纪后期议会民主制的运作产生了深远影响。

得票多者当选的选举导致立法机构里政党数量最小化,减少或完全排斥了第三大党和少数党派的存在。在大不列颠,两党主导议会政治的格局已然形成,在政治商讨中出现了尖锐对

---

〔78〕 这种讨论被长期任职的上议院议长(1970～1974年,1979～1987年)看作"错误的政治学说",参见 Lord Hailsham, *The Dilemma of Democracy* (1978), ch. 20。

抗的文化。这种投票制度夸大了最大政党在议会里的多数席位,[79]相对于比例代表制来说,让行政机关能够在更大程度上操纵议会。这反而让所有执政者都能实现所谋求的全国性社会政策。[80] 有人争辩说,20 世纪早期,中左分裂成两大政党,即工党和自由党/自由民主党;中右政党,即保守党,偶尔还有机会执政。但如果采取比例代表制,他们就不可能有机会执政。[81]这可能带来这样一个结果,即联合政府或少数党执政时(如 1977 ~ 1978 年工党与自由党政府)的立法协议更加频繁地出现,从而促进公共政策具有更大的连续性。

人民代表法解决了国家现代选举制度中很多的民主问题,最著名的是普选权,但是有关下议院议员选举的合适方法却还在整个 20 世纪不间断地定期爆发争议。1929 ~ 1931 年,由于

---

〔79〕 例如,在 1977 年托尼·布莱尔赢得选举胜利,工党在下议院 659 席中获得了 419 席(占总数的 63.6%),但仅仅只有 43.2% 的选民投票支持工党。

〔80〕 关于这一点前资深内阁大臣有过解释,参见 Roy Jenkins, *Home Thought from Abroad* (Richard Dimbleby Lecture, 1979)。

〔81〕 有关于此的总体评论,可参见 David Marquand, *The Progressive Dilemma: From Lloyd George to Blair* (1999)。关于投票统计,参见 Blackburn, *The Electoral System in Britain*, chs 1, 8。例如,在 1979 年当玛格丽特·撒切尔第一次组阁时,在总数上有超过 43 席的多数,但她的保守党仅仅获得了总投票数的 43.9%,然而工党和自由党加在一起获得了大多数的选票(51.7%)。

经济危机和少数派工党政府的垮台，导致没有采纳可选择性投
52 票。[82] 20 世纪 80 年代，政治流星——社会民主党和自由联盟以及改革集团“八八宪章”成功地使比例代表制再次成为公共争论的主要议题。[83] 1997 年，工党政府上台执政，承诺要建立一个选举制度委员会，由其推荐一种“比例代表制”来替代得票最多者当选的下议院议员选举办法，并交由全民公决。如期设立了这个委员会，并在 1998 年提交了报告，推荐了一种可选择性投票加党派名单的混合选举制。[84] 然而，由于在下议院轻松地拥有相当大的多数，托尼 · 布莱尔领导的工党政府违背承诺，没有举行全民公投。

在 2009 年的工党大会上，时任首相戈登 · 布朗再次承诺，工党赢得 2010 年大选，将就选举制度举行公投。这次承诺限于把可选择性投票作为选举制度的基础。尽管多年来工党一直偏

---

〔82〕 作为一种解释，参见 D. Butler, *The Electoral System in Britain since 1918* (2nd edn, Oxford, 1962); and V. Bogdanor, *The People and the Party System* (Cambridge, 1981)。

〔83〕 See, e. g., Liberal/SDP Commission, *Electoral Reform: Fairer Voting in Natural Communities* (1982); and for a contemporary discussion, P. Norton, ‘Does Britain Need Proportional Representation?’, in *Constitutional Studies*, ed. R. Blackburn (1992), ch. 9.

〔84〕 *The Report of the Independent Commission on the Voting System*, Cm. 4090 (1998).

好的是单一可转让投票制,但可选择性投票将会得到自由民主党的支持。如果 2010 年大选结果出现了一个悬浮性议会的话,布朗先生要想继续执政就需要他们的支持。保守党继续反对任何选举改革,但鉴于 2010 年大选结果的不确定性,为组建联合政府,他们也开始跟自由民主党谈判。结果是达成协议,就议会选举适用可选择性投票方法进行全民公投。双方都认同全民公投,但不同意党员可以根据自己意愿自由进行辩护。对许多保守党党员来说,可选择性投票太激进;对一些自由民主党党员来说,可选择性投票与他们所向往的还有一定距离。可能永远达不成令所有人都满意的最合适的议会议员选举制度。1918 年出现过的争论一直持续到了今天。

53 # 分裂的忠诚:《1972 年欧共体法》

菲利普·诺顿

英国作为欧共体(European Community,EC)成员国的身份是由经济和政治因素促成的。它代表了一种新奇的宪法航程,并有过争论。两大党之间以及内部都曾为加入欧共体的提案有过分裂。尽管上下两院压倒性地支持加入欧共体,但通过加入欧共体的法律曾引起激烈争议,政府通过信任投票才实现了对法案的二读程序。尽管最终承蒙自由党和一些弃权的工党议员的礼让,没有提出修正案就获得了通过,但这个法案受到工党反对派和持异议的保守党后座议员的一致反对。这部法律使英国成为欧共体的一员,对英国的宪法影响巨大,包括创建了一个自1688 年"光荣革命"以来从未出现过的司法机构。议会让自己的立法隶属于欧共体法,同时还设立了一个委员会来详细审查欧洲文件,以适应新的形势需要。

关键词:欧洲经济共同体　欧共体　欧共体法　上议院　下议院　工党　保守党　立法

加入欧共体是英国 20 世纪后半叶政治上最具有争议性的事件之一。这个问题导致政党内部同时也在各个政党之间出现了深深的裂痕。两个主要政党在这个问题上都转变了立场,并难以让各自议会里的支持者与之共进退。《欧共体法》对国内法进行了必要的改革,赋予英国作为欧共体成员国以法律效力。法律的通过是艰难曲折的,至少从宪法上来看,后果并非大受赞赏。

欧共体由欧洲煤炭与钢铁共同体(European Coal and Steel Community,ECSC)、欧洲原子能联盟(European Atomic Energy Community,Euratom)和欧洲经济共同体(European Economic Community,EEC)联合组成的。欧洲煤炭与钢铁共同体依据《巴黎条约》成立于 1951 年,另外两个共同体则依据《罗马条约》成立于 1958 年。这 3 个组织合并于 1967 年。当时有 6 个成员国:德国、法国、意大利、比利时、荷兰和卢森堡。英国当初拒绝参与那些条约的谈判。温斯顿·丘吉尔曾动议大不列颠参与巴黎对话谈判,但在下议院以20票之差被否决了。继任丘吉尔保守党领袖位置的安东尼·艾登爵士和继任克莱门特·艾德礼工党领袖位置的休·盖茨克尔均反对参加旨在签署《罗马条约》的对话。

54 对英国来说,加入欧洲一体化的紧迫程度并不像欧洲大陆的邻国那样强烈。[1] 英国依然把自己看作世界强国,它有英联邦,作为一个岛国它已经独自屹立几个世纪了。西欧其他国家的经济和政治状况都要比英国糟糕得多。20世纪50年代,英国还享受着相对的经济繁荣,好像没有参与谈判的必要。保守党不想危及英国政府在世界舞台上的自由:这个国家拥有其他欧洲国家享受不到的国际地位。工党则担心可能限制一个社会主义的政府目标。

20世纪50年代末期,随着英国开始面临政治经济上的难题,形势发生了改变。英国在世界舞台上作为一个具有独立地位的角色受到质疑。帝国不存在了。英联邦成员国可以实行独

---

[1] See Anthony King, *Britain Says Yes*(Washington, 1977), 2 - 7.

立于英国的政策。美国主导了世界,英国对世界的影响不再像大臣们所希望的那样强大了。1960 年,蓝色条纹导弹火箭的终止强化了英国对跨大西洋联盟的依赖。经济状况更加恶化。英联邦事实上并不像许多政治家曾经期待的那样作为贸易的源泉。欧洲经济共同体仿佛开始具有吸引力,它所带来的经济增长率超过了英国。从政治上看,它也具有吸引力,为英国重获国际舞台领导权提供了机会。经济和政治上的种种好处好像与美国总统约翰·肯尼迪〔2〕和议会都有联系。保守党首相哈罗德·麦克米伦从多角度作了分析,他说,"虽然《罗马条约》关注的都是经济事务,但它具有很重要的政治目的,即促进欧洲的联合与稳定……在现代世界,为了共同利益联合成一个更大的国家联盟,能够增强我们为自由而战的力量"。〔3〕

美国表示支持英国加入欧共体。在麦克米伦担任首相期间,英国政府内部发生了非常清晰的思想转变。1961 年 7 月 31 日,麦克米伦对下议院宣称,英国将要申请加入欧洲经济共同体。8 月 2 ~ 3 日,就这个决定进行了为期两天的辩论。休·盖

〔2〕 Miriam Camps, *Britain and the European Community 1955 – 1963*(Oxford, 1964), 336.

〔3〕 Quoted in Edward Heath, *The Course of My Life*(1998), 210.

茨克尔提出反对意见,要求这个决定需要得到英国首相会议的支持,并规定成为会员国的条件必须与英国作为欧洲自由贸易区(European Free Trade Association, EFTA)伙伴所承担的义务相协调。这项意见被318:209的得票否决。接着,以313:5的得票通过这项决定,批准了政府的动议。[4] 根据《泰晤士报》报道,在第一次投票中有24名保守党议员投了弃权票,第二次投票有29位保守党议员弃权。[5]

申请成为会员国失败了,这不是因为英国议会,而是因为法国总统的作为。夏尔·戴高乐否决了英国的申请,他担心英国跟美国的关系太近了。1967年,英国第二次申请。这次由哈罗
55 德·威尔逊领导的工党政府主导,反映了工党队伍内部思想上的转变。[6] 在首相乡间别墅契克斯(Chequers)的一个会议上,内阁大臣以13:8的得票赞成无条件申请。[7] 威尔逊告诉下议院,成为会员国将为英国工业带来新的信心,为现代化建设和提高生产率提供更好的契机,同时也给共同体带来新的活力。

---

〔4〕 Hansard, *Commons Debates*, 5th ser., dcxlv, cols 1781 – 4: 3 Aug. 1961.

〔5〕 *The Times*, 4 Aug. 1961.

〔6〕 See Uwe Kitzinger, *The Second Try*(Oxford, 1968).

〔7〕 Tony Benn, *Out of the Wilderness: Diaries 1963 – 67*(1988), 496.

经过3天的辩论之后,由来自瑟斯克和莫尔顿的保守党后座议员罗宾·特顿提出的修正案——他对政府的决定感到遗憾——以487:26的得票被否决了。批准政府申请加入欧共体的白皮书得到了政府和反对派的支持,以488:62的得票获得通过。[8] 36位工党议员和26位保守党议员投票反对这项动议;50位工党议员投了弃权票。[9]

1969年,戴高乐辞去了法国总统职务,由乔治·蓬皮杜继任。他对英国加入欧共体抱有更大的同情,达成了开放谈判的正式协议。大选干扰了这一进程。1970年6月,爱德华·希思领导的保守党政府以总共33席的优势重新执政。保守党在竞选中表示,如果相关条款可以谈判,那加入欧共体符合英国的长远利益。

1970年6月30日开启谈判,到来年10月,大多数条件都达成协议。1971年7月,下议院就此辩论之后,政府建议就谈妥的条件加入欧共体。10月,下议院举行了为期6天的辩论,同

---

〔8〕 Hansard, *Commons Debates*, 5th ser., dccxlvi, cols 1645 – 56: 10 May 1967.

〔9〕 Philip Norton, *Dissension in the House of Commons 1945 – 74* (1975), 271 – 2. 投票的人中包括叙述者。另有两位议员反对这项动议。

意政府“以业已谈好的条件原则上加入欧共体”。有180位议员参加了这场辩论。[10] 反对派尽管原则上支持加入欧共体,但反对以谈妥的条件加入。丹尼斯·希利争辩说,不利的经济条件意味着难以满足谈妥的条件所产生的外汇负担,会导致通货紧缩或货币贬值。许多保守党后座议员反对这项动议,一些工党议员支持该动议。来自蒂斯河畔斯托克顿的工党议员威廉·罗杰斯奉劝说,他们不期望将来会有更好的条件。政府允许自由投票,但反对派下达了强制按其意愿投票的紧急指令。这项动议投票的结果是356∶244,政府赢得了多达112票的多数。有39位保守党议员游说投反对票,但被赞成这项动议的69位工党议员抵消了。还有20位工党议员和2位保守党议员弃权。[11] 投票结果是议会高度支持加入欧共体。

1972年年初,反对派提议,在全文公开加入协议并将其内容提交给议会之前,政府不要签署,但政府取得了成功。政府提交了一份修正案,声明签署后会将完整协议和政府详细的立法
56 意图提交议会,议会正式批准之前,协议不会生效。该修正案以298∶277的得票通过。4位保守党议员投了反对票,17位弃权,

---

〔10〕 Uwe Kitzinger, *Diplomacy and Persuasion*(1973), 371.

〔11〕 Norton, *Dissension in the House of Commons 1945 – 74*, pp. 397 – 8.

投票进行时,这 17 位议员还留在议会里;2 位工党议员弃权。修正后这项动议又付诸表决,得票结果是296:276,约同样多的议员反对政党路线。[12] 政府获胜让《泰晤士报》断言:"毫无疑问,保守党中反对市场化的集团土崩瓦解了。"[13]不久它就声称情况与之相反。

1. 法案的通过[14]

为了减少就此法案进行漫长的辩论,政府选择了一份简短的法案。假如一份法案是成功修改了所有受加入欧共体影响的立法,为此可能过度消耗议会的时间,另一份是只通过一个条款就能实现目的的法案,政府会毫不犹豫地倾向于后者。爱德华·希思写道,设计时考虑的是,"便于我们所希望的简约化立

---

〔12〕 Hansard, *Commons Debates*, 5th ser., dcccxxix, cols 799 – 810: 20 Jan. 1972. See also *The Times*, 21 Jan. 1972,它记录了那些弃权者的名字。Norton, *Dissension in the House of Commons 1945 – 74*, pp. 402 – 3。

〔13〕 *The Times*, 21 Jan. 1972.

〔14〕 本部分主要源自作者以前的研究成果:Philip Norton, *Conservative Dissidents*(1978), 64 – 82。

法,而不是放开就这个问题进行辩论”。[15] 副检察总长杰弗里·豪爵士和议会高级法律顾问约翰·费因斯爵士共同提出了一份包含 12 个条款的法案和 4 份明细表,总共 37 页。正如豪所写:“回想起来,这是很简单的部分。它是议会处理的问题,但对我们提出了更为严峻的考验。”[16] 下议院对加入欧共体法案进行二读的日程排在了 1972 年 2 月 17 日。

针对二读进行了为期 3 天的辩论,反映了尤其是政府阶层里的分歧。议会里的政党监督部门进行了密集的活动。新科议员诺曼·泰比回想说:“政党所发出的紧急命令与不在道德良知上妥协让步之间发生了分裂。”[17] 在有些情况下,一些选区的政党积极向反对加入欧共体的议员施压,要求他们支持政府。1971 年 10 月,有 39 位保守党议员投票反对加入欧共体,其中 21 位遇到了来自选区的压力。[18] 尽管有积极的运作活动,但政府并不确定能否赢得投票。工党议员受到压力,反对法案,特别是考虑到投票会受到双方政党的监督。欧共体的工党支持者

---

〔15〕 Heath, *The Course of My Life*, 383.
〔16〕 Geoffrey Howe, *Conflict of Loyalty*(1994), 68.
〔17〕 Norman Tebbitt, *Upwardly Mobile*(1989), 149.
〔18〕 See Norton, *Conservative Dissidents*, 177 – 91.

勉强与政党领导保持一致。[19] 因此,首相宣称,这是一次信任投票:如果投票失败,政府将会辞职。这种游说策略旨在最大限度地获取保守党的支持。这也有可能降低工党议员对政府的支持。

在开启辩论时,负责谈判的大臣——兰开斯特公爵领地大 57
臣杰弗瑞·吕本解释说,该法案对加入条约的条款很重要,它的批准和生效是必不可少的初步工作。为了履行作为欧共体成员国的义务,有必要对国内法进行修改。反对党前排议员彼得·索尔基于经济和宪法理由提出反对。经济上脆弱的英国只能跨越收支平衡才能对已经存在的 6 个成员国的经济做出实质贡献。成员国身份将捆住议会手脚,法案第 2 条不仅把国家交给现有的欧共体法律,还把它交给未来的欧共体法。未来欧共体法不经过议会同意就可以成为法律。

在 3 天的辩论过程中,没有工党议员站出来支持该法案。有些人表示支持欧共体理念但不支持法案的内容。4 位保守党议员反对,主要是基于索尔概括的宪法上的理由。这 4 个人中包括来自西南伍尔弗汉普顿的保守党议员伊诺克·鲍威尔。他

---

〔19〕 See David Owen, *Time to Declare*(1991), 186-7.

争辩说,议会将失去立法至上的权力,下议院将失去在税收和支出方面的排他性控制权。争论被首相弄得更加紧张。他反复重申加入欧共体的问题,并明确表示,如果投票失败了,"议会就不可能继续存在"。[20]

二读的表决结果是309:301,政府多得了8票。[21] 尽管举行了信任投票,15位保守党议员依然投了反对票,另有5位弃权。工党有5位议员弃权。[22] 如果没有工党的弃权票和5位自由党的支持票,该法案就又流产了。正如《泰晤士报》第二天早上报道:"昨晚政府在下议院以微弱之差险胜。仅以8票之多让这个至关重要的《欧共体法》通过二读之后,脸色苍白、神情紧张的希思先生从威尔逊先生手中接受了这个挑战。他说政府将会继续战斗。但是,在摩肩接踵的下议院里,每个听他演讲的政治人物都知道,他和政府已经遭受了严重的挫折,仅仅使它免于失败。"[23]

对政府来说,挫折与失败之间有很大不同。尽管他们碰到

---

〔20〕 Hansard, *Commons Debates*, 5th ser., dccccxxxi, col. 752: 17 Feb. 1972.

〔21〕 Hansard, *Commons Debates*, 5th ser., dcccxxxi, cols 753 – 8: 17 Feb. 1972.

〔22〕 Norton, *Dissension in the House of Commons 1945 – 74*, pp. 405 – 6.

〔23〕 *The Times*, 18 Feb. 1972.

了巨大的困难,但已经克服了最大障碍。前方等待的是一个冗长的委员会审议阶段。因为这确实是一个重大的宪政变革,下议院进入了委员会审议阶段。它耗费了 5 个月的时间,这期间,一些致力于反对欧洲经济共同体的保守党议员依然坚持反对态度。正如政府秘书长弗兰西斯·皮姆所观察的那样,这是类似斗争中费时最长的一个。[24]

然而,尽管有工党议员和保守党中反对加入欧洲共同市场者的反对,政府在整个程序中还是保住了它的多数地位。在委员会审议之前,通过了有关解决法案决议的方式与方法以及拨款决议,每种情况下都能多出 30 票以上。[25] 并且,每次都主要是以弃权来表达异议,而不是投反对票。在首轮投票中,只有 3 58
位保守党议员投了反对票,在第二轮中则只有 2 位投了反对票。3 月 1 日,政府成功抵制了一项反对动议,它旨在挑战主席对决议方式的裁决,即认为这个法案并不是一个支持加入条约的法案,而只是影响加入条约所必要的"法律细节"的法案。这个裁决很重要,其结果将限制已经提交并经过辩论的修正案。这项动议以 309∶274 的得票被击败了,只有 1 位保守党议员(鲍威

〔24〕 Norton, *Conserative Dissidents*, 75.

〔25〕 Norton, *Dissension in the House of Commons 1945 – 74*, pp. 406 – 8.

尔)投票反对。3 月 6 日,以 47 票之多否决了一项谴责法案草案不公开的动议,没有保守党议员交叉投票,只有 3 位弃权,还有 5 位工党议员弃权。

3 月 1 日开始委员会审议。保守党议员投票反对针对第 1 条(简短的标题和解释)的 18 个实质性修正案,同时还反对这个条款作为法案的一部分。然而,进行交叉投票的保守党议员人数并不多,不足以使政府失去它的多数地位。政府多得的票数从 8 票到 49 票不等,交叉投票的保守党议员人数从 1 位到 22 位不等。然而,保守党最大的分歧同时也是工党议员最大的分歧。保守党议员尼尔 · 马腾提议增加一项修正案,在法案生效之前进行一次咨询性质的全民公投。这个建议被 284 : 235 的得票否决,政府多得了 49 票。尽管有 22 位保守党议员投票支持这项修正案,但有 63 位工党议员弃权,同时有 9 位保守党议员弃权。这个问题险些让工党分裂,工党副领导人罗伊 · 詹金斯因此辞职,同时,哈罗德 · 利弗和乔治 · 汤普森也因此从影子内阁中辞职。[26] 4 月 19 日,有关第 1 条部分地代表了这个法案的动议交付表决,以 152 : 135 的得票通过。

---

〔26〕 Roy Jenkins, *A Life at the Centre* (1991), 341 - 9; Kitzinger, *Diplomacy and Persuasion*, 390 - 5; Owen, *Time to Declare*, 191 - 202.

第2条规定了条约的总体实施,赋予欧共体条约不时规定的权利、权力、责任、义务和限制在英国内的法律效力。该条款是保守党特别反对的一条,他们将其视为对议会主权的否定。保守党中反对英国加入欧洲共同市场的人反对该条款作为法案的一部分,也反对对其所作的23条实质性修正案。政府一度跌到只能多出4张票,但政府取得了另一项成功,将委员会剩余的审议时间限制在12天以内,然后截止辩论以付表决。正如下议院领袖罗伯特·卡尔所指出的,这意味着到终止时,委员会审议了26天。该动议以304∶293的得票获得通过。15名保守党议员投票反对,还有8位弃权,4位工党议员弃权。6月14日,以296∶288的得票通过第2条属于本法案的一部分,多了8票。曾有人担心政府会在这场投票中失败,但结果重现了二读中的局面。15位保守党议员投票反对该条款,另有8位弃权,但是政府被5位自由党的赞成票和9位工党议员的弃权票拯救了。正如《泰晤士报》所评述的那样,"政府侥幸脱险"。[27]

保守党反对者继续反对法案的其余条款和细则。[28] 有11 59
位或12位,有时可能聚集了14位典型的保守党议员游说反对,

〔27〕 *The Times*, 15 June 1972.

〔28〕 Norton, *Conservative Dissidents*, 78 – 9.

但并不足以威胁政府的多数。有一次,关于第 8 条的一项修正案,政府只多了 8 票,但在结果上不存在像二读以及关于第 2 条的分歧那样的不确定性。

委员会审议阶段在 7 月 5 日结束了。尽管有来自工党议员和持异议的保守党议员的持续反对,政府最终在投票中幸免于失败。这有一个预期中的主要程序优势。如果法案在下议院进行委员会审议,并且不被修正,就没有报告阶段。那样的话,法案就会直接进入三读程序。7 月 13 日举行三读,以 301 : 284 的得票通过,政府多出 17 票,16 位保守党议员投票反对,4 位弃权,还有 13 位工党议员弃权。从秘书长弗兰西斯 · 皮姆的行为中可以看到政府议员得以解脱。内阁大臣吉姆 · 普赖尔记录说:"使我们所有人都感到兴奋快乐的是,这个谨慎的、不动感情的人在下议院的议员席上跳起了吉格舞。"〔29〕

这个法案见证了保守党议员的持续反对。总共有 104 次投票中,有 85 次投票见证了一位或多位保守党投反对票。保守党议席上最主要的反对者是伊诺克 · 鲍威尔,他在 80 次投票中都反对政府,其次是约翰 · 碧芬,他有 78 次投票反对政府。尼

〔29〕 J. Prior, *A Balance of Power*(1986), 86.

尔·马腾在69次投票中投了反对票。还有13位保守党议员投反对票的次数达10次以上。[30] 这是战后历史上最久的党内分歧。

本法案同时还导致工党陷于严重的分裂。欧洲一体化的支持者投票反对这个法案,反对他们自己更好的判断。大卫·欧文记载说:"正因为此,我们为一次次投票反对我们所相信的东西感到羞愧。"[31] 不过,支持者继续与政府联系,当政府看似要失败时,确保有足够的工党议员弃权。[32] 这确保了法案获得通过,但使工党内部的紧张关系更加恶化。

法案在上议院几乎没什么困难就通过了。10月之前,上议院就以451∶58的得票原则上支持加入欧共体。委员会审议了9天,尽管提出了97项修正案,但在下议院通过时没作任何修正,完全遵照下议院。三读程序主要被政府占用,否认大臣们受指示抵制所有的修正案。9月20日以161∶21的得票通过三读程序。[33] 10月17日得到御准。

---

〔30〕 Norton, *Conservative Dissidents*, 80.

〔31〕 Owen, *Time to Declare*, 187.

〔32〕 Heath, *The Course of My Life*, 384 – 5.

〔33〕 Hansard, *Lords Debates*, 5th ser, cccxxxv, cols 1272 – 3; 20 Sept. 1972.

60 ## 2. 影响

正如所预期的那样,法案通过后最显著的影响是,为英国成为欧共体成员国提供了国内法基础。1973 年 1 月 1 日,英国成为欧共体的成员国。这本身就是一个具体的事件,也是一系列事件的开始。此后,达成了各种新的条约及修正案。在英国,为了使新的条约生效,国内法做了一些必要的修改。[34]

尽管为英国的欧共体成员国身份所采取的步骤在宪法上是正确的,但在政治上饱受争议。虽然宪法并未要求举行全民公投,但法案的反对者们认为,这样一个重大的宪法变革应该以全民公投的方式通过。保守党 1970 年的纲领并不能被看作一个充分的授权,考虑到它只是为谈判提供了基础,而不是支持成员国身份。工党为了解决党内分歧,致力于重新谈判和进行全民公投。

随着 1974 年工党政府重新回归,谈判举行了,也达成了有

---

〔34〕 European Communities(Amendment) Act 1986, 1993, 1998, 2001, 2002; European Union (Accessions) Act 2003; European Union(Amendment) Act 2008.

关英国成员国身份的变化。[35] 没有人要求改变条约。尽管并非无关紧要,但重新谈判有时在布鲁塞尔被称作“所谓的重新谈判”。[36] 1975 年 4 月 9 日,下议院以 396 : 170 的得票,通过了政府举行全民公投的决定(上议院以 261 : 20 的得票通过)。很快制定了全民公投法案,并在 6 月 5 日举行了公投。选票上声明说,政府已经宣告了有关英国欧共体成员国身份条款重新谈判的结果:“你认为英国应该待在欧共体(共同市场)内吗?”大臣们的集体责任原则暂停了,以便他们在这场动员中能够站在不同的立场上发言。其结果是,选择“是”的人数远远超过了另一边的人数,有 17,378,581 人投“是”,有 8,470,073 人投“否”。投票率大约是 65%。这次投票被视为解决了英国的欧共体成员国身份问题。实际上,公投并未做这件事情。成员国身份仍然是一个有政治争议的问题,但公投具有更重要的宪法意义,为全英国范围内的全民公投创下了先例。

欧共体——如今是欧盟——成员国身份具有巨大的政治经济后果,尽管这些后果有益还是有害一直饱受争议。有人继续

---

〔35〕 See Harold Wilson, *The Final Terin*: *The Labour Government* 1974 – 1976 (1979), 83 – 109.

〔36〕 David Butler and Uwe Kitzinger, *The 1975 Referendum*(1976), 39.

敦促更高程度的欧洲一体化,而像布鲁日集团则对加入欧共体持怀疑态度,同时还有政党,特别是英国独立党(UK Independence Party,UKIP),赞成退出欧共体。然而,从宪法上来说,成员国身份对法院和议会的角色及它们之间的关系产生了不小的冲击。

1967 年关于成员国身份宪法和法律定位的政府白皮书概述了成员国身份创制的新宪法格局:

61 宪法上的革新之处在于事先接受了欧共体未来发布的法律文件,将其作为英国法律的一部分。此等情况,我国尚未有先例。然而,这些法律文件,就像通常的授权性立法一样,根据英国法律其效力源自议会原初的规定。[37]

简言之,欧共体法不需议会同意就在英国具有法律效力。事实上,1972 年的法律已经事先对此表示了同意。议会主权原则依然保留下来了,因为议会能够废除这部法律。不过,只要 1972 年的法律继续有效,议会就受到制约,尽管是受其自身行

---

〔37〕 Lord Chancellor's Department, *Legal and Constitufiolal Implications of United Kingdom Membership of the European Communities*, Cmnd. 3301(1967).

为的制约。它会影响到欧共体指令的实施,但不涉及规制,规制是直接生效。

欧洲法院(European Court of Justice,ECJ)的判例法也意味着如果欧共体法律与英国的法律发生冲突,优先适用欧共体的法律。1972年法律第2节规定,如果英国的法律与欧共体法律之间有冲突,欧共体法律中可直接适用的规定应优先于英国的法令,英国的法律应按照与欧共体法相一致的原则进行解释。这赋予法院一个新的角色。法院原本拥有解释法律的权力,能够解释国会的立法意图。现在如果欧共体的法律与英国的法律发生冲突,法院能够判定英国的法律与欧共体的法律不一致。法院难以适应这种新情况。丹宁勋爵1976年就断言,法院原本不必考虑欧共体条约就应遵守议会制定的法律,但是3年后却宣称,如果英国的法律与欧共体的法律之间发生冲突,"优先适用欧共体法律就成为我们不可推卸的责任"。[38]

判定欧共体法律具有最高法律效力,最有名的案件或者说

---

〔38〕 Quoted in A. W. Bradley and K D. Ewing, *Constitutional and Administrative Law*(14th edn, 2007), 144.

系列案件是1990～1991年的法克特塔梅案，* 该案涉及《1988年商船运输法》。根据欧洲法院判决，上议院认为，如果英国法律规定的措施与欧共体法律相冲突，在作出最终决定，并且因议会法律违反欧共体条约导致的损害得到赔偿之前，英国的法律就应暂停实施。[39]（承认了一项在诉讼期间发出的反对王权的强制令，这种同意此后被法院延伸到欧共体法律文本之外。）[40] 1994年，在R诉就业大臣单方面涉及机会平等委员会一案中，[41] 上议院宣布《1978年就业保护（巩固）法》的某些规定因为与欧共体法律相冲突无效。《泰晤士报》第二天就声明说："大不列颠的历史上现在第一次有了宪法法院。"[42] 帕特里夏·

---

* 维基百科有关此案的评介如下：法克特塔梅案在英国和欧盟导致了一系列里程碑式的判决。该案确认了在欧盟的能力范围内，欧盟的法律高于其成员国的国家法律。该案是漫长的司法诉讼过程的一部分，这个司法诉讼过程时间跨度超过10年，它包括数个判决结果。该案的判决带来了一系列问题，在英国的辩论中它尤其是涉及有意识地废除议会至上这个具有宪法意义的问题。1990年和1991年分别发表了两个最为重要的判决，它们分别以法克塔特梅案判决Ⅰ和法克塔特梅案判决Ⅱ著称于世。这个判决在上议院里进行上诉审时是英国宪法中未编入法典的一部分。载维基百科，http://en.wikipedia.org/wiki/Factortame_litigation，最后访问日期：2013年11月26日。——译者注

〔39〕 F. G. Jacobs, 'Public Law: The Impact of Europe', *Public Law* (1999), 241－5; Bradley and Ewing, *Constitutional and Administrative Law*, 133－5, 145－7.

〔40〕 Jacobs, 'Public Law: The Impact of Europe', 242.

〔41〕 *R v. Secretary of State for Employment ex p Equal Opportunities Commission* [1994]2 WLR 409.

〔42〕 *The Times*. 5 Mar. 1994.

马克斯韦尔评论说:

法院只是查明和执行议会意志,这种幻想已被上议院抛弃 62
了。他们甚至都没有表态要限制其职权,这就不可避免地产生像《泰晤士报》所表达的那种忧虑与不安。这种情况表明司法部门一旦认为行政部门的决定超出了法院的控制,就希望对其进行审查,更不要说在欧共体事务上。[43]

宪法学家威廉·韦德爵士形容法院在法克特塔梅案[44]中的行为是一场“宪法革命”,但是,正如帕特里克·伯金肖所评论的那样,“这应该是一场早已能够预见的革命”。[45] 在 1972 年法律通过期间,就有大臣声称,它将不会影响议会主权。杰弗里·豪爵士断言说“议会至上不会受到影响,因为它不能受到

---

〔43〕 *Patricia Maxwell*, 'The House of Lords as a Constitutional Court: The Implications of *Ex Parte EOC*', in *The House of Lords: Its Parliamentary and Judicial Roles*, ed. Paul Carmichael and Bruce Dickson (Oxford, 1999), 210.

〔44〕 *Factortame v. Secretary of State for Transport* (No 2) [1991] 1 All ER 70 (ECJ and HL).

〔45〕 Patrick Birkinshaw, *European Public Law* (2003), 193.

影响”。[46] 但是，只有议会制定了1972年法律，又能废除它时，这个断言才是正确的。只要它还是有效的法律，议会制定的法律就可能被议会之外的其他机构弃之不用。

1972年法律不但限制了议会的立法权，而且对之强加了一项重要而又出乎意外的负担。该法规定附属性立法应该接受欧共体的义务。尽管某些项目不隶属于这种附属性立法，如增加税收，但其范围还是很广泛。正如布拉德利和尤因指出，政府并不希望频繁使用这项权力，“这个期望明显没有得到满足”。[47] 如果在审查这些立法方面议会能扮演某种角色，那需要一种特别程序才能这么做。

尽管议会并非欧共体法律制定过程中的一员——如前所述，根据1972年法律，议会已经同意所有的政策措施——但它至少会争取去审查提交给部长会议的建议案，并在大臣去参加欧共体会议之前影响他们。1972年法律通过时，尽管政府接受需要有特别程序来审查欧共体规章和指令草案，但并没有特别规定议会的这种审查权。因此，建议在议会两院创设一个特别

〔46〕 Hansard, *Commons Debates*, 5th ser., dcccxl, col. 627: 5 July 1972; see also Norton, *Dissension in the House of Commons* 1945 – 74, pp. 491 – 2.

〔47〕 Bradley and Ewing, *Constitutional and Administrative Law*, 141.

委员会为这种审查提出建议。由于这些委员会的建议(下议院为福斯特委员会,上议院为梅布雷-金委员会),议会两院为欧共体立法建立了专门的审查方法。[48]

每年,政府会向议会提交大约 1000 份欧盟文件(对于每一份文件相关机构还会提供一份解释性的备忘录),这些文件由下议院的欧盟审查委员会(最初名字是欧盟立法特别委员会) 63
和上议院的欧盟委员会(最初名字是欧共体委员会)进行审查。欧盟审查委员会是资源最为丰富的下议院特别委员会;它会从法律与政治上审查每一项文件,并发布周报。一旦它认为某份文件在政治上或法律上意义重大,需要进一步考量,它就会建议在欧洲委员会或下议院进行辩论。一份文件如果被提交给欧洲委员会(专门提名 13 人组成的委员会),相关大臣将会面临一个小时的质询,随后是 90 分钟的辩论。这种辩论在议会里很少发生。

上议院不会审查每一份文件,不过,它会进行最初的筛选,然后把重要文件分送给 7 个分委员会。每个分委员会涉及特定

---

〔48〕 See Philip Norton, 'The United Kingdom: Political Conflict, Parliamentary Scrutiny', in *National Parliaments and the European Union*, ed. Philip Norton (1996), 92-109.

的政策部门，由1～2位主要委员和大约10位增选委员组成。结果是上议院里有超过70位的议员从事欧盟文件的常规性审查。分委员会审查文件，自己着手调查，按照特别委员会的运作方式，要求提交证据，询问证人，并发布总体上具有权威性且口碑不错的报告。主要委员还会审查影响欧盟的议题，如建议欧洲议会设第二院和《里斯本条约》的问题。如果委员会提交报告建议在议会举行辩论，那就找时间进行辩论。

两院的委员会相辅相成，下议院委员会进行横向大范围审查，上议院委员会则开展纵向深度审查。[49] 它们借助于各部门提交的解释性备忘录以及保留的审查权。政府承诺，在议会两院审查通过之前，不会批准部长会议里的任何政策措施。因此，委员会可能会把"审查"作为一种向政府施压的方式，要求政府提供更多的信息或对文件中的一些关注点给予更多注意。但是，有些情况下政府可能无视审查制度，而且经常这么干。[50] 委员会报告正式通报给各院，实践上，倾向于告知对某个议题进

〔49〕 Philip Norton, *Parliament in British Politics*(Basingstoke, 2005), 143.

〔50〕 See Appendix 1 in House of Commons European Scrutiny Committee, *The Work of the Commitee in 2008 - 09*, Sixth Report of Session 2009 - 10, HC 267 (2010).

行辩论——尤其是,上议院早期阶段的报告——除了证据有限无法改变特定的建议。

《里斯本条约》首次赋予“成员国议会”在欧盟法律制定过程中一个正式的角色(如果认为与权力下放原则冲突将其退回部长理事会),尽管其效果看起来好像有限。[51] 事实上,成员国议会仍然超脱于欧盟立法过程之外;它们最重要的使命是与本国政府之间的关系,而不是与欧盟机构之间的关系。

然而,各成员国通过参与部长理事会的部长(还有参与部长理事会的政府首脑)以及选举的欧洲议会议员,参与立法过程。英国加入欧共体时,欧洲议会议员(严格来说,那时还叫欧洲会议)是从成员国议会的议员中任命的,而不是由选举产生。1973 年英国成为成员国后,条约才规定直接选举欧洲议会议员,也改变了成员国和欧共体组织机构之间的关系。 64

身为一个成员国,英国也不得不改变自己的宪法制度,与这个超国家联合体发展一种新型关系。英国需要履行义务,若不

---

〔51〕 See House of Lords European Union Committee, *The Treary of Lisbon: An Impact Assessment*, Tenth Report of Session 2007 – 08, HL Paper 62 – 1(2008), 234 – 46. 很少有政策措施与这个原则相抵触。对其进行质疑时,更相关的准则是基于恰当性。全国性议会正式与非正式地增加了它们之间的信息共享,正式方式是通过共同体大会和欧盟议会中的欧洲事务委员会(以法文首字字母缩写 COSAC 著称)。

履行,将面临司法制裁。例如,2009 年欧盟法院发布了 9 份有关英国疏于履行义务的判决意见。[52] 它通过部长理事会,尤其是随着《阿姆斯特丹条约》和《里斯本条约》的签订,通过欧洲议会和共同决策程序,获得了影响欧共体(欧盟)决定的机会。

成员国身份所带来的宪法影响比最初《欧共体法》通过时所容许的要广泛得多。部分原因是政府当初没有充分预料到它对议会造成的影响(实际上,关于附属立法,是必须的;宪法维度上,关于法院取消英国法律规定的权力,尽管这是成员国身份必然包含的内容),部分原因是由后面的条约,尤其是单一欧洲法案,引起的改变。宪法上依旧存在模棱两可之处。如果议会立法明显违背欧盟法律,法院的立场仍游移不定。没有人希望议会这么做,但一旦议会这么干了,宪法的立场就不可知。

英国加入欧共体的动机是经济与政治上的。宪法不得不适应这个成员国身份,这个适应过程远不是一帆风顺。从宪法视角上看,成员国身份是很重要的一步,在一些批评者的眼里,它挑战了 1689 年的制度安排。对宪法而言,成员国身份创立一个新的司法体制,本书对另外两项进展情况进行了补充,它们是

[52] The Court of Justice, *Annual Report* 2009(Luxembourg, 2009), 92 - 3.

《1998 年人权法》及权力下放,尤其是《1998 年苏格兰法》。在欧盟法律范围内,英国不得不适应司法至上,在欧洲共同体法所带来的变革之下,议会主权原则能否持续发展受到怀疑。

65 # 扩大法院职责:《1998 年人权法》

大卫·费尔德曼

20 世纪 90 年代,英国工党政府支持《欧洲人权公约》,既有政党政治上的考虑,也有原则性的理由。人权法案对人权受害者提供法律和政治上的救济途径,试图平衡议会主权与有效的人权保障。人权法案对宪法法律潜在的巨大影响,从一开始就在新闻界引起了极大争议,尽管一定程度上被隐藏在高度技术化的法律草稿之中,但议会两院的议员都充分意识到了法案影响的幅度。在涉及欧洲委员会和位于斯特拉斯堡的人权法院判决对国内法院判决时,议会的审查特别严肃认真。特别考虑到斯特拉斯堡法院要把《欧洲人权公约》作为推动社会进步的工具,诸如新闻媒体和宗教团体等特殊利益集团的立场,国内法院要尽可能遵照人权法案解释法律的新义务,而且一旦发现不可能且议会无法通过修改立法,就要作出不一致判决。事实证明,有些顾虑有根有据。1998 年之后,政治争论并未减少,部分原因是2001 年以来的反恐措施受到高度关注。

关键词:死刑　法院　不一致宣告　人权　立法　议会主权　议会　新闻报道　公共机构　法律解释

1. 立法的缘起

1950 年,克莱门特·艾德礼(Clement Attlee)领导的工党政府签署,并在 1951 年批准了《欧洲人权公约》(European Convention for the Protection of Human Rights and Fundamental Freedoms, ECHR),尽管多数内阁成员对此缺乏显著热情,[1]他们担心这可能会阻碍他们实行社会主义的经济改革计划。一些重要的保守党人士也出于不同的原因表示疑惑,他们怀疑任何

---

〔1〕 A. W. B. Simpson, *Human Rights and the End of Empire: Britain and the Genesis of the European Convention*(Oxford, 2001), ch. 14.

的英国法律都有可能与《欧洲人权公约》相冲突,这将对议会主权构成潜在威胁。所有这些忧虑影响到了部分文职人员。[2]因而没有人动议赋予公约权利国内法上的效力,而且,英国并未
66 接受(原本是可选择的)个人在英国国内遭受侵犯时向欧洲委员会和人权法院提起上诉的权利。不过,所有党派里都有一些人认为有必要扩大对权利的法律或宪法保护。[3] 1964 年杰拉尔德·加德纳(Gerald Gardiner)成为哈罗德·威尔逊工党政府的大法官,他利用其影响力来推动接受个人提起上诉的权利,这个权利在 1966 年 1 月正式生效。[4] 一旦案件诉至法院,国内法律和实践可能违反《欧洲人权公约》的情况就逐渐明朗,继任

---

〔2〕 Simpson, *Human Rights and the End of Empire*, chs 7 – 16; Geoffrey Marston, 'The United Kingdom's Part in the Preparation of the European Convention on Human Rights, 1950', *International and Comparative Law Quarterly*, xlii (1993), 796 – 826; Elizabeth Wicks, 'The United Kingdom Government's Perceptions of the European Convention on Human Rights at the Time of Entry', *Public Law* (2000), 438 – 55.

〔3〕 参见,如 *Liberty in the Modern State: Eight Oxford Lectures*, ed. Conservative Political Centre (1957),特别是由彼得·高曼所作的引论,在第 7 ~ 10 页;但后来处于反对立场时而不是在政府中时,则受到保守党的支持[又可参见 Sir Keith Joseph, *Freedom under Law* (1975), and Lord Hailsham's articles in *The Times*, 2, 16, 19 and 20 May 1975) rather than when in government]。

〔4〕 Simpson, *Human Rights and the End of Empire*, ch. 20; Anthony Lester, 'UK Acceptance of the Strasbourg Jurisdiction: What Really went on in Whitehall in 1965', *Public Law* (1998), 237 – 53.

的政府坚持遵照对英国不利的最终判决。但是,随着 20 世纪 70 年代和 80 年代工党进一步“左倾”,保守党“偏右”,这样人权就在两党中失去了强有力的支持。

即便如此,越来越多的人赞成至少该向国内法引进那些已在斯特拉斯堡生效的权利。有人走得更远,呼吁制定一份独特的英国权利法案,以彰显英国的价值观念,包括致力于法治。后一群人里有一些保守党政治人物,他们尤其热心于用权利来限制工党政府的权力。许多保守党和自由党(后来变为自由民主党)的议员提出了不少法案,使基本权利成为国内法的一部分,以矫正弱化的议会问责制,但都没有形成立法。[5]

1992 年大选中,约翰·梅杰(John Major)领导的保守党政府出人意料地赢得了又一个任期,当时只有自由民主党的纲领中包含有致力于人权法案国内化。但是,尼尔·基诺克领导下的工党领袖已经开始引导工党重返政治中心,使其具有候选资格。原则上奉行自由主义,政治上小心谨慎,使人权运动与工党

---

〔5〕 提出或支持这个法案的保守党人士包括议员、王室法律顾问爱德华·加德纳爵士和议员杰弗里·里彭爵士;支持此运动的自由党人士有韦德勋爵,赫恩山王室法律顾问莱斯特勋爵,议员爱兰·贝斯和古德哈特勋爵。有关 1968 ~ 1997 年对议会提交法案报告,参见 Michael Zander, *A Bill of Rights*? (4th edn, 1997), ch. 1。

的政治利益相一致,因此,工党向选民保证,它不再致力于经济的国家控制、全面的国有化和财富的再分配。1992 年大选时工党的竞选纲领中包括制定一个无约束力的权利宪章和一个通过议会而非法院来实施的权利法案。[6] 1993 年,在约翰·史密斯的领导下,工党正式致力于将《欧洲人权公约》纳入国内法。之前反对吸收《欧洲人权公约》的托尼·布莱尔作为影子内阁与他以前的导师和未来的大法官德里·艾文一起跟随史密斯路线,为此奠定了政策基础。[7] 史密斯先生过早地逝世之后,托尼·布莱尔作为领导人,继续推进这项工作。

67 1996 年 12 月,在为 1997 年大选做准备时,工党的讨论文件设计了将《欧洲人权公约》规定的权利带入国内法的过程。[8] "王在议会"的立法权限不受限制,法院没有资格因为制定法与《欧洲人权公约》规定的权利不一致而宣告其无效。反倒是公

---

〔6〕 这一点受到了大卫·金利的影响,参见 *The European Convention on Human Rights: Compliance without Incorporation*(Aldershot, 1993)。

〔7〕 See Labour Party, *A New Agenda for Democracy: Labour's Proposals for Constitutional Reform*(1993);Francesca Klug, values for a Godless Age: *The Story of the United Kingdom's New Bill of Rights*(Harmondsworth, 2000), ch. 6.

〔8〕 Jack Straw and Paul Boateng, *Bringing Rights Home: Labour's Plans to Incorporate the European Convention on Human Rights into UK Law*(1996), reprinted in *European Human Rights Law Review*(1997), 71 - 80.

共机构必须遵循《欧洲人权公约》的规定,除非法律有其他的明确要求。将《欧洲人权公约》规定的权利带入国内法目的在于培养政府里的“人权文化”,当公共机构侵犯人权时允许法官给予救济。议会仍然可以制定它喜欢的任何法律(服从于欧盟的法律),但是所有立法都必须尽可能按照公约保护的权利来解释。如果不可能,更高的法院将会作出“不一致宣告”,这或许会(但并不必然)导致立法上的修改。在议会内部,一个新的特别委员会负责监督公约权利的实施。

经过相当一段时期的讨论,保护人权和议会主权之间达成妥协。讨论主要是工党领导人,特别是杰克·斯特劳与为人权呐喊的社会活动家之间,后者包括来自赫恩希尔的王室法律顾问莱斯特勋爵(自由民主党),非政府组织如英国人权协会、公民自由全国委员会(1989 年成为自由党)、公共政策研究学会、国际法学委员会英国分会(国际法学家委员会大不列颠分会)和伦敦大学学院宪法学会的成员。这是群策群力构建的一部分新哲学,这就是著名的“第三条道路”。这种哲学更新了(新的)工党,使其区别于“旧的”左翼工党。它在自由主义和社会主义之间寻找一种提倡共产主义的折中方案:强调权利伴随责任。工党政治家着重指出,他们的权利法案不允许无价值的个人利益超越于社会整体利益之上。

1997 年,工党政府在下议院获得实质性多数,夺得执政权力,决心对宪法进行重大改革。向苏格兰、威尔士以及(根据 1998 年的《贝尔法斯特协议》)北爱尔兰不同程度地下放权力。《欧洲人权公约》规定的权利将会限制获得下放权力的组织和公共机构的行政和立法权能,但不会凌驾于基本法律之上。尽管如此,人权法案的民众支持度还是有限。从一开始,大部分公众和媒体都不支持它。正如韦农·博格丹诺教授在 2004 年写道:"如果 1997 年以来的宪法改革包含着一场革命,那它一直是一场静悄悄的革命,尽管革命的后果很可能被证明是相当深远的……它们为民主世界提供了独一无二的景象,使这个国家的不成文宪法转变为成文宪法,没有更多的政治意志和政治共识。而且这种零星的宪法变革过程的终极目标并不清楚。"〔9〕

---

〔9〕 Vernon Bogdanor, 'Our New Constitution', *Law Quarterly Review*, Cxx (2004), 242, 246. 博格丹诺教授把包含在第二句中的洞察顿悟归因于马丁·洛克林教授。

2. 法案的形成 68

人权法案的起草是为了实现选举前设定的目标。为公约权利受到公共机构的侵犯情形提供一系列的司法和立法救济,但这些权利不能约束议会。立法应尽可能按照与公约权利相一致的方式解释。如果不能作出与公约权利相一致的解释,高等法院可以宣告基本法律违反了公约权利("不一致宣告"),但这并不影响立法的效力或有效性,而且没有部门有责任以立法废除这种不一致的情形。政府认为,通过这种方式,公约权利最终通过议会程序获得保护,同时又维护了议会主权。

上议院议员称赞法案的简洁和清晰,以及在司法保护与议会主权之间巧妙精致的妥协。[10] 但是,一些非法律人发现这部

---

〔10〕 莱斯特勋爵夸张地评论说:"法案的构想相当出色,执行得特别完美。我向政府表示祝贺,尤其是向那些未具名的提供意见者,他们提出了如此高质量的方案。"(三读:Hansard, *Lords Debates*, 5th ser., dlxxxv, cols 834 – 5: 5 Feb. 1998)另一位自由民主党人厄尔·罗素说:"在我看来,法案的草案是件富有知性美的东西。我很欣赏它。"(二读:Hansard, *Lords Debates*, 5th ser., dlxxxii, col. 1286: 3 Nov. 1997)

法案在技术上让人望而却步，法学家们主导了大部分辩论。这部法案当然缺乏修辞上的效果，有点拘泥于法律条文。例如，一开始的条款就涉及“公约上的权利”，它就完全指向《欧洲人权公约》的条款序号进行规定，以《欧洲人权公约》所包含的权利在国内法上生效。权利的文本内容授予实施细则。该公约第2条是关于公约权利的解释。最重要的条款是第6(1)条，要求公共机构遵从公约上的权利规定，除非基本法律作了例外规定。这部法案中没有任何与通常的权利法案相关联的宏大格调，其目的与深层价值都没规定，长长的标题中并未阐述立法原则，没有序言，亦没有目的条款。

法案中缺失此等条款并不像是意外。宪法性法律有时会有解释性的序言，并且是以一种庄重的语言表达出来。[11] 将其与同时在议会讨论的苏格兰法案进行比较，后者就有醒目的开场：“将有一个苏格兰议会”，以一个引人注目的单句就推翻了近

---

〔11〕《1911年议会法》有一个序言，用简短的三段话说明了该法的目的以及自由党政府对未来上议院改革的构想。《1931年威斯敏斯特法》开头的五段序言交代了该项立法的理由和目的。正如罗杰勋爵在他作为霍尔茨沃思俱乐部主席发表的演讲中提到的，参见 *The Form and Language of legislation* (Birmingham, 1998), 7。《1964年约翰·F.肯尼迪纪念法案》有三段前言，1936年国王陛下退位法案以两段序言开头，它说“此举是一个明证，是在议会已经发生效力那一步具有庄严的、不容撤销且意义深远的意义之明证”。

300 年的宪法史。[12] 正如我们将看到的,政府顶住压力,拒绝在这部法案中安排这个宏伟计划。为何排斥它?有人或许推测, 69
外界的批评已经使他们尽可能淡化这部法案代表的宪法原则或宪法关系上的重要发展。但是,不管是它的支持者还是批评者都意识到它的象征意义,以及在政治和实践上的重要性。大法官称这部法案占据了"我们宪法改革的中心位置"。[13] 两院委员会审读阶段都承认了这部法案具有宪法上的重要性。这是一个重要的法案,这一点从未被怀疑过,问题只在于其重要性的确切性质。

3. 法案在议会里

1997 年 10 月 23 日,法案送进上议院,同时送去的还有一

〔12〕 厄尔斯费里的罗杰勋爵在《立法的形式与语言》第 6 章中指出:"那是任何伟大文体追求效果最大化时值得尝试的。"如果重新修订这个条款,使第 1 条成为帮助理解的定义条款,"从法律上看,没有任何差别。但从政治上看,效果将会大大不同。法案政治性对时任国务大臣来说如果不能说比其便利性对未来的解释者来说更重要,但至少也是同等重要"。

〔13〕 三读:Hansard, *Lords Debates*, 5th ser., dlxwxv, col. 839: 5 Feb. 1998。

份白皮书。[14] 法案的早期阶段,上议院允许政府利用索尔兹伯里惯例:上议院里的保守党反对派明确表明不支持法案的中心目标(贝洛夫勋爵称它是“愚蠢的,不必要的和危险的”),[15]但他们考虑到自己的局限性,因为这已经写进了政府的竞选纲领中,所以他们并不打算在二读时投反对票。[16] 自由民主党议员强烈支持。赫恩希尔的莱斯特勋爵频频支持特别有影响力。[17]索尔兹伯里惯例在下议院并不起作用,反对意见在二读时导致下议院分裂。保守党前排议员强烈反对改变议会与法院之间的平衡,因为这让法官发展广泛又不确定的原则,利用《欧洲人权公约》作为国内权利的基础,以及发布救济命令。即便这样,大

---

〔14〕 Home Office, *Rights Brought Home*: *The Human Rights Bill*, Cm. 3782(1997).关于一个有益的选择,抽取自议会辩论,按主题不同进行排列,参见 *Legislating for Human Rights*: *The Parliamentary Delates on the Human Rights Bill*, ed. Jonathan Cooper and Adrian Marshall-Williams(Oxford, 2000)。

〔15〕 二读:Hansard, *Lords Debates*, 5th ser., dlxxxii, col. 1269: 3 Nov. 1997。贝洛夫勋爵,一位杰出的历史学家,最初是自由党上院议员,现在已经变换席位坐到了保守党的后座议员席位上。

〔16〕 参见莫斯丁勋爵威廉(在国务大臣,内政部之下)和亨利勋爵(保守党)的交换意见。二读:Hansard, *Lords Debates*, 5th ser., dlxxxii, col. 1306: 3 Nov. 1997。

〔17〕 关于三读,阿克纳勋爵(一位退休的法律贵族)说:“我的议员们,对于此部法案我长久的回忆是参加正在进行的监督,由令人尊敬的莱斯特勋爵精心组织,令我们所有人深感满意。我特别享受这个过程,尽管我并没有写一篇文章来表明我绝对遵循令人尊敬的勋爵所说的每一个字。”(Hansard, *Lords Debates*, 5th ser., dlxxxv, col. 837: 5 Feb. 1998)

多数工党和一定程度上支持该法的保守党议员遏制了严重的分裂因素。

议会两院的辩论通常是谦恭有礼而又具有建设性的,即使讨论至深夜也很少出现过激行为(尽管对反对意见是真正的"追查"还是欺骗性的损害偶尔会出现摩擦)。[18] 主要的争论有三个方面:

第一,议员们希望这部法案在原则、范围和影响上尽可能清晰。引起争论的事项包括议会主权的影响、公约权利的性质以 70
及是否被"吸纳""公共机构"的含义,以及"救济命令"应接受议会审查的程度(通过修改法律消除立法与公约权利间的不一致)。

第二,宗教组织代表要求保护宗教教义的权利,以防与公约权利存在潜在的冲突。

第三,威科姆勋爵作为新闻投诉委员会主席反对媒体因干涉《欧洲人权公约》第8条关于尊重个人私生活权利,侵犯人们

---

〔18〕 参见委员会审读阶段的交换意见:Hansard, *Lords Debates*, 5th ser., dIxxxiii, col. 557:18 Nov. 1997;在报告阶段女男爵杨与古德哈特勋爵之间的争论:Hansard, *Lords Debates*, 5th ser., dlxxxiv, cols 1347–8: 19 Jan. 1998;以及党派的事务员之间的争论:Hansard, *Lords Debates*, 5th ser., dlxxxiv, cols 1347–8: 19 Jan. 1998。

隐私而承担法律责任的所有可能性。

虽然法案的中心条款经受住了挑战，但还有很多重要的修正案，涉及救济命令、保护宗教组织和新闻媒体。

3.1 法案目的，公约权利与吸纳

“公约权利”是指“(1)公约第2～12条和第14条规定的权利与基本自由;(2)第一议定书第1～3条，以及公约第16～18条规定的权利与基本自由”。[19]“公约”是指《欧洲人权公约》“与英国有关的效力”。[20]排除了《欧洲人权公约》第1条和第13条，[21]附属于公约的第一议定书第4条、第6条和第7条，因

---

〔19〕 Human Rights Bill, clause 1(1).

〔20〕 Human Rights Bill, clause 21(1).

〔21〕 第1条要求各个成员国在其司法区域内保障每个人享有此等权利。第13条保证在公约权利受到侵犯时，有国家权威机构提供有效救济。政府坚持认为没必要把这些包括进去，因为这只是表达了法案整体所要达到的目的。参见 Lord Williams of Mostyn, second reading: Hansard, *Lords Debates*, 5th ser, dlxxxii, col. 1308. 3 Nov. 1997: Lord Irvine of Lairg LC, committee stage: Hansard, *Lords Debates*, 5th ser., dlxxxiii, col. 475: 18 Nov. 1997; Rt. Hon. Jack Straw MP, committee stage: Hansard, *Commons Debates*, 6th ser., cccxii, cols 979－80: 20 May 1998。

为它们不适用于英国。[22] 列出公约权利还可能受制于任何的保留或限制。

一些上议院议员认为,应当澄清法案的目的和这些权利的法律地位。格赖斯代尔的西蒙勋爵建议对这个长标题进行修订,将现在的"赋予《欧洲人权公约》规定的权利和自由进一步效力的法案",改为"赋予国内效力的法案……"。[23] 大法官认为,"进一步效力"更加精准,因为公约权利在国内法上已经有 71
一些效力,例如,作为解释模糊立法的一种辅助手段。他认为法案的目的很清楚,虽然当他说"法案的目的是明确无疑的;能使公约权利直接在国内法庭上适用"时,[24] 他并没有为消除不明确性做任何事情。

这意味着吸纳了公约权利吗?李斯特勋爵要求注意白皮

---

〔22〕 第 4 号议定书禁止因为欠债而监禁(第 1 条),以保障在一个国家领土里活动自由的权利(第 2 条),禁止从国家驱逐出去,或剥夺他们进入国家的权利(第 3 条),以及对外国人的集体驱逐(第 4 条)。第 6 号议定书禁止死刑,战争时期除外。第 7 号议定书为那些面临被驱逐出境危险的外国人提供程序上的保障(第 1 条),对大多数刑事案件保证上诉的权利以反对定罪(第 2 条),对错误的定罪给予赔偿的权利(第 3 条),在大多数案件中已经定罪或宣告无罪之后,禁止对刑事犯罪进行再次审判或给予进一步的惩罚(第 5 条)。

〔23〕 报告审读阶段:Hansard, *Lords Debates*, 5th ser., dlxxxv, cols 419 – 21: 29 Jan. 1998。

〔24〕 报告审读阶段:Hansard, *Lords Debates*, 5th ser., dlxxxv, col. 1261: 29 Jan. 1998。

书,里面提到把公约权利"吸纳"到国内法。[25] 但是,欧文勋爵指出,基本法律即使不能按照与公约权利相一致的方式解释,仍然有效,[26] 而且,并没打算让公约权利直接在完全私人的诉讼中直接适用。[27] 《欧洲人权公约》与国内法之间存在一种"特别关系",但这并不能"使公约权利像它已经写进我们的法律那样可以直接进入司法裁判"。[28] 这种差别看似只是语义上的,但正如我们将在第四部分所看到的,公约权利本质上是国际权利而非国内权利,这种观点已经影响到了它的法律效果。[29]

有上议院议员提议加入一个目的条款。李斯特勋爵动议的第一项修正案加入这样一句话:"本法主要目的在于保护英国司法区域内每一个人依法享有公约权利,并在公约权利受到侵

---

〔25〕 报告审读阶段:Hansard, *Lords Debates*, 5th ser., dlxxxiv, col. 1257: 19 Jan. 1998。

〔26〕 报告审读阶段:Hansard, *Lords Debates*, 5th ser., dlxxxv, cols 421 - 2: 29 Jan. 1998。

〔27〕 在上议院三读辩论过程中,欧文勋爵强调公约权利对国内法将产生广泛的影响,但继续说:"权利法案并没有做的是,让《欧洲人权公约》像民事侵权行为过失、非法入侵或造谣诽谤那样直接成为我们国内法的组成部分。在侵权法上,对于那些私主体之间的案件,所有这些领域中的主张都是可以控告的。但是……我们没有规定可以在私主体之间的诉讼中直接适用《欧洲人权公约》。"(Hansard, *Lords Debates*, 5th ser., dlxxxiv, col. 839:5 Feb. 1998)

〔28〕 Hansard, *Lords Debates*, 5th ser., dlxxxiv, col. 421: 5 Feb. 1998.

〔29〕 参见下文第4部分。

犯时提供有效的救济途径。”〔30〕米恃肯勋爵提出的第二项修正案规定:“本法主要目的在于为英国司法区域内违反公约权利提供有效的救济。”〔31〕这两种修正案都有助于消除因缺少《欧洲人权公约》第 1 条(确保司法区域内的每个人享有公约权利)和第 13 条(规定了违反公约权利国内提供的有效救济)所带来的不确定性,但政府坚决反对,双方还未被迫分裂。

还有很多上议院议员主张加入其他一些权利。政府已经决定只要修改了国内法,删掉不一致之处(如有关夫妻财产权的规定),就要批准第七号议定书,但当时还没有写进法案。〔32〕他们不会批准第四号议定书,因为它可能会让许多没有居留权的不列颠公民进入和留在英国内。〔33〕但最有争议的是,他们拒绝 72
批准第六号议定书或将其纳入法案之中,〔34〕因为他们并不把死刑看作一个宪法性问题,而是看作由议会保留裁量权的道德良

---

〔30〕 Hansard, *Lords Debates*, 5th ser., dlxxxiii, cols 467 – 81: 18 Nov. 1997.

〔31〕 Hansard, *Lords Debates*, 5th ser., dlxxxili, cols 490 – 1: 18 Nov. 1997.

〔32〕 Home Office, *Rights Brought Home*, para. 4. 15. 这一点并未发生。

〔33〕 Home Office, *Rights Brought Home*, para. 4. 11; 莫斯丁勋爵威廉(位居国务大臣,内政部之下的议员),委员会审读阶段:Hansard, *Lords Debates*, 5th ser., dlxxxii, col. 504: 18 Nov. 1997。

〔34〕 第 6 号议定书禁止死刑,战争时期除外。

知问题。[35]

桑德威尔的阿切尔勋爵提出但后来又撤回了一项修正案，把公约权利第6号议定书的第1条和第2条加入法案。当法案到达下议院时，凯文·麦克纳马拉议员（工党，议会欧洲理事会里一位热忱的会员）提出了一个类似的修正案，主张英国已经在事实上废除了死刑，没有理由延迟批准此议定书。[36] 尽管所有主要政党的前排议员都表达了这种疑虑，即这将实际上剥夺议会再次提出死刑的自由，但是麦克纳马拉先生还是拿他的修正案施压。政府允许自己的议员自由投票，而这个修正案以294：136的得票获得通过。政府因此批准了第6号议定书，而议会也修订了《武装部队法》，废除了残余的死刑规定。[37] 议会现在不能再度引入死刑，以和英国的国际义务保持一致，这个例子证明了议会主权在理论与实践之间的差距。

---

〔35〕 Straw and Boateng, *Bringing Rights Home*, para. 4. 13; Mike O'Brien (parliamentary under secretary of state, home department), committee stage: Hansard, *Commons Debates*, 6th ser., cccxii, col. 1004: 20 May 1998.

〔36〕 议员凯文·麦克纳马拉动议提出了第111号修正案，委员会审读阶段：Hansard, *Commons Debates*, 6th ser., cccxii, cols 987 – 92: 20 May 1998。

〔37〕 联合王国后来批准了第13号议定书，即使在战争时期也禁止死刑，并修订了《1998年人权法》（HRA1998）将人权公约上的权利纳入国内法上，以取代第6号议定书。

转向对这些权利的解释问题,第 2 条要求法院和裁判所“考虑”斯特拉斯堡法院、欧洲人权委员会(现已不存在)和欧洲理事会部长会议的相关判决,但并没有强迫它们接受这些机构的解释。这就引起了三个问题:在实践中“考虑”意味着什么?要求我们的法院遵循斯特拉斯堡法院的判例法,尤其是限制国内法官比斯特拉斯堡法院更大的解释权,不是更好吗?如果有人想给我们的法官广阔的自由空间,那为什么又要求他们“考虑”斯特拉斯堡的判例呢?

政府回应说,不能忽视斯特拉斯堡的判例,因为它决定着英国的国际法义务,法案赋予其国内法上的效力。因此,法案将“公约权利及其法理都引入国内”。即便如此,不应该强制法院遵循斯特拉斯堡的判例,因为斯特拉斯堡法院不存在遵循先例的情况,《欧洲人权公约》是一个活的文本,通过解释不断生长和调适。允许而不是要求国内法院考虑斯特拉斯堡法院的判例同样是不明智的,因为法院是否这么做将导致对相似案件作出不同判决。[38] 这个条款仍然有效,并由法官决定什么时候不再

〔38〕 议员格奥夫·胡恩(政务次官,司法部),委员会审读阶段:Hansard, *Commons Debates*, 6th ser., cccxii, col. 4022; 3 June 1998。

遵循斯特拉斯堡的法理比较适当。[39]

73 3.2 公共机构

根据第6(1)条规定,公共机构必须遵守公约权利,否则就是违法,除非有法律规定,而这种法律不能按照与公约权利相一致的方式解释或是无效的。因此,"公共机构"的概念对法案的适用范围而言是个关键。但是,又没有对其进行界定,然后,除了法院和裁判所,不包括议会,以及不行使私人功能而执行公共职能的私营组织(一种"混合体")外,它并未对公共机构进行界定。在下议院,内政大臣杰克·斯特劳认为在法案中列举所有的组织机构既不明智也不现实,而试图"作原则性阐述,由法院赋予其效力"。[40] 这些权利应该为:

在涉及相当广泛地可称之为"国家"的行为中……我们想要一个务实而又现代的国家定义以便对人权伤害提供切实广泛

[39] 参见下文第4部分。

[40] 议员杰克·斯特劳,二读:Hansard, *Commons Debates*, 6th ser., cccxiv, col. 775;16Feb.1998。

的保护……将人权带回家的原则表明,国内哪些主体应当承担责任,这涉及在斯特拉斯堡英国政府的哪些部门会被追责……这些年来,有些机构已经承担着类似于国家的职能,但又不受国家的直接控制。我恰恰觉得这是个好事,不过对立法的起草工作来说它提出了一些难题。[41]

法案让法官逐案解决应遵守公约权利的主体范围。相反,同时送交议会的《信息自由法》则列举了适用的主体。两院都有一些议员认为,这没有清晰的原则引导他们适用。向大臣们提出的"探讨性的"修正案和问题显示,政府期望那些承担了本属国家职能的私主体,如市政收购与兼并委员会、宗教或其他慈善组织,履行公共职能时,就应尊重公约权利。在上议院,大法官反问道,对于那些提供医疗救助的救济院、信仰学校、为流浪者提供食宿的慈善机构、防止虐待儿童全国协会(National Society for the Prevention of Cruelty to Children,NSPCC)或庆祝新婚的宗教组织,执行公共职能时必须尊重公约权利,这有什么

〔41〕 议员杰克·斯特劳,二读:Hansard, *Commons Debates*, 6th ser., cccxiv, cols 406 - 7: 17 June 1998。

错呢?[42]

在大众传媒方面,政府希望BBC以及第四频道是个公共机构;独立电视公司不是,但管制它们的机构,即独立电视委员会则是。私人拥有的报纸不属于公共机构,但新闻投诉委员会,一个私人性质、无法律权力的自我管理机构则被假定是,至少潜在地假定是一个公共机构。其他期望作为公共机构的"混合性"团体还包括铁路公司在行使铁路安全监管者的职能时;第四集
74 团在管理一座监狱时;综合医疗委员会作为医疗职业的规制者和监管者而行事执法权时;也许还有监管赛马的骑术俱乐部。[43]

但是,在有关"混合性"团体上,法案在起草时用的术语并不是现代国家的含义,只是指这些团体当时发挥作用时执行公共职能的性质。[44] 我们在第四部分将会看到,法官并不倾向于

---

〔42〕 Lord Irvine, committee stage: Hansard, *Lords Debates*, 5th ser., dLxxxiii, col. 800: 24 Nov. 1997.

〔43〕 Lord Irvine, committee stage: Hansard, *Lords Debates*, 5th ser., dLxxxiii, col. 800: 24 Nov. 1997, and see Jack Straw MP committee stage: Hansard, *Commons Debates*, 6th ser., cccxii, col. 1018: 20 May 1998, and cccxiv, cols 406 – 13: 17 June 1998.

〔44〕 这一点是由议员布莱恩·莫维尼爵士作出的, committee stage: Hansard, *Commons Debates*, 6th ser., cccxii, cols 1031 – 4: 20 May 1998。

像政治理论家那样去行事,因而政府所希望的对权利的广泛保护并未出现。

3.3 宗教团体的地位

在上议院,阿洛韦的坎贝尔勋爵、杜曼杜的麦凯勋爵、女男爵杨和里彭的主教指出平等权、隐私权和婚姻权在适用于宗教团体时可能普遍存在的难题。[45] 其中的顾虑包括一个教区的教堂委员会反对任命一个女性牧师本着良心上的理由拒绝为一对同性伴侣主持婚礼,或者某个信仰学校拒绝聘请另一种宗教信仰的人做老师等可能带来法律上的挑战。[46] 坎贝尔勋爵在委员会里和女男爵杨在报告中提出的修正案,要求把宗教团体从公共机构目录中排除出去。不过,里彭的主教却说,英国圣公会支持这个法案,并否认有任何豁免其义务的想法,与此同时,政府明确表明其立场即希望教会遵循公约权利。如果教会违背

---

〔45〕 See, e. g. , Lord Mackay of Drumadoon, committee stage: Hansard, *Lords Debates*, 5th ser. , dl lxxxiii, col. 552 18 Nov. 1997; bishop of Ripon, report stage: Hansard, *Lords Debates*, 5th ser. , dlxxxiv, cols 1324 –7: 19 Jan. 1998.

〔46〕 Baroness Young, committee stage: Hansard, *Lords Debates*, 5th ser. , dlxxxiii, cols 790, 800 –1: 24 Nov. 1997.

公约权利,法院必须适用公约权利,而且法院会取胜。[47]

即便如此,支持对宗教团体特殊对待的力量在增长,并开始阻挠法案的进程。政府寻求安抚之道,对上议院的报告提出了一个修正案,禁止大臣们提出修改英国圣公会政策的救济命令,[48]但是这并不能满足反对者的要求。在三读中,政府在分歧中失败,由苏格兰教会主教和领袖支持的修正案得以通
75 过。[49] 这为那些“坚守宗教信仰,遵循基督徒的历史教义和实践或英国其他主要的宗教传统”,触犯公约权利的个人提供了保护。还增加了一些条款,防止“基督教或英国其他主要宗教传统的牧师、公职人员或别的人”被迫“违背其宗教教义或信念主持某个婚礼”,确保宗教组织和宗教慈善团体的教育机构能够继续自由挑选“信仰和生活方式与学校或慈善团体基本精神

---

〔47〕 Report stage: Hansard, *Lords Debates*, 5th ser., dlxxxiv, cols 1320 (Baroness Young), 1325 (bishop of Ripon), 1284 (Lord Hardie, lord advocate) respectively: 19 Jan. 1998.

〔48〕 Lord Williams of Mostyn, report stage: Hansard, *Lords Debates*, 5th ser., dlxxxv, col. 395: 29 Jan. 1998.

〔49〕 See, e. g., Lord Campbell of Alloway, third reading: Hansard, *Lords Debates*, 5th ser., dlxxxv, cols 747 – 60 (amendment withdrawn): 5 Feb. 1998; Baroness Young, cols 770 – 3, 790 – 1, 812 – 3; bishop of Ripon, cols 773 – 5, 791 – 2; Lord Mackay of Drumadoon, cols 805, 813 – 7 (amendment withdrawn); for the division, see cols 788 – 90.

契合的人”担任高级职位,并能把“信仰和生活方式与学校或慈善团体基本精神不合拍的人”从高级职位中剔除出去。最后,他们修订了“公约权利”的定义,使之遵从这些条款的规定。这将防止法院在事关宗教政策问题上作出不一致宣告,或者通过解释公约权利让那些实践宗教信仰而落入这些条款之内的人承担违法责任。但是,因为《欧洲人权公约》并未赋予任何法定权利(如宗教信仰)优于其他权利,这些条款本身就违反了公约权利,成为不一致的对象。

政府希望扭转其在下议院的败局,但在二读中宗教组织明显得到众多支持。经与教会协商之后,政府提议废除上议院的修正案,作为妥协,法院依据法案在裁决“任何可能由(1)宗教组织(它自己或其成员集体)或者(2)宗教基金的慈善机构(它自己或其成员集体)实施公约上的思想自由、良心自由和宗教自由”时,必须“对此等权利的重要性给予特别尊重”。

为了证明这样做的正当性,内政大臣解释说,上议院的修正案仅仅保护那些主要的宗教传统,而不公平地歧视了那些尚未完全建立起来的宗教传统。他承认应该允许宗教组织任命那些反映其精神特质或在婚姻问题上遵循其道德观念的人担任职员,但是他认为,作为一个宪法性法律,不应该过多地承载有关家庭、教育和就业法律上的细节问题。政府更倾向于在学校标准与家事法中处理这些事务，这可以随后由议会通过制定就业和家庭法来处理。[50]

保守党议员爱德华·利为了更加具体和广泛的保护，提出了两点意见。[51] 首先，斯特拉斯堡法院还不允许其他权利优先于宗教自由，也没有限制校园内祈祷，国内法院可以在这个方向来发展法理学。（事实上就像下文第四部分所说，这一点现在可能已经出现了。）其次，英国法官可能比斯特拉斯堡法院更加
76 扩大解释了公约权利，同样对宗教团体施加了广泛义务。这一点至今尚未发生，但是这两点说明了一些议员对原则问题的关心，这部法律可能让国内或国际上的法官以难以预料的方式重塑社会。即便如此，政府更加有限的建议案获胜了，现在成为法案的第十三部分。

---

〔50〕 Jack Straw MP, committee stage: Hansard, *Commons Debates*, 6th ser., cccxii, cols 1016 – 29: 20 May 1998. 有关宗教学校的员工的一些保护措施被纳入《1998年学校标准与框架法》第59节和第60节中。在允许加入方面，第86(3)(b)节免除了宗教基金和志愿援助学校在择校方面优先考虑父母选择的义务，遵循这种选择有可能与为保存学校的宗教特色而做出的特殊安排不相协调。

〔51〕 Jack Straw MP, committee stage: Hansard, *Commons Debates*, 6th ser., cccxii, cols 1046 – 7, 1049 – 50: 20 May 1998.

3.4 新闻媒体的地位

新闻媒体及其支持者担心,法院可能利用《欧洲人权公约》第 8 条尊重私人生活的规定首次赋予人民对侵犯其隐私的行为提起诉讼的权利。时任新闻投诉委员会主席威科姆勋爵在《星期日邮报》上发表文章,断言这部法案将会成为"恶棍"的宪章,让富人、掌权者和皇室成员掩盖其为人不齿的行为。[52] 在上议院二读时,他建议应该修正这个法案,防止法院成为新闻审查官。他认为,新闻媒体通过新闻投诉委员会实行自愿的自我规制体系运作良好,尽管缺乏法律上的权力,主要由报刊的编辑来操作。三读时,他认为这部法案对于新闻媒体的自我规制是一种威胁,这种观点受到了格莱斯代尔西蒙勋爵的反驳,[53] 政府成功抵制了提议的修正案,但法案在下议院时,政府着手考虑可能遇到的更多事情,新闻媒体在下议院受到前记者、专栏作家和

---

〔52〕 Lord Wakeham, *Mail on Sunday*, 2 Nov. 1997. Lord Lester described the article as 'intemperate': second reading: Hansard, *Lords Debates*, 5th ser., dlxxxii, col. 1241: 3 Nov. 1997.

〔53〕 Third reading: Hansard, *Lords Debates*, 5th ser., dlxxxv, cols 830 – 3 (Lord Wakeham), 833 – 4 (Lord Simon): 5 Feb. 1998.

议员们的大力支持。他们支持是出于别的原因,他们承担不起与报刊编辑之间的关系疏远。内政大臣们与威科姆勋爵之间讨论的结果是,政府承诺在下议院二读时起草一个新条款,从事实上消除限制出版的单方面禁令,要求法院在裁决任何可能对表达自由产生影响的事项时要对之予以特别关照,并考虑出版所具有的公共利益,以及出版者是否业已遵守相关的隐私权规则(如由新闻投诉委员会颁布的规则)。[54] 下议院委员会审读阶段,政府删除此条后,威科姆勋爵表示满意。[55] 但这并不妨碍其他人要求优先保护表达自由。

政府试图向议员保证,报纸、商业电视和广播电台不会成为公共机构,因而不必受制于第 8 条之规定(尽管考虑到其公共职能,新闻投诉委员会有可能算是一个公共机构),[56] 并辩驳说把出版自由凌驾在其他权利,包括生命权和免受酷刑的权利之上是错误的。此外,根据斯特拉斯堡的判例法,不用担心第 8 条可

---

〔54〕 Jack Straw MP, second reading: Hansard, *Commons Debates*, 6th ser., cccvi, cols 773 – 5: 16 Feb. 1998.

〔55〕 See Jack Straw MP, committee stage: Hansard, *Commons Debates*, 6th ser., cccxv, col. 541: 2 July 1998.

〔56〕 在勋爵中间,这一点一开始就有人怀疑,上议院大法官已经改变了他的主意,参见 committee stage: Hansard, *Lords Debates*, 5th ser., dlxxxiii, col. 784: 24 Nov. 1997。

能会优先第 10 条。[57] 斯特拉斯堡的法学理论不会允许有这种法定权利的词典式顺序。在辩论过程中,有议员抱怨对新闻媒 77 体的保护过于有限,另有一些议员强调需要保护普通人或容易受伤害的人,无意卷入新闻事件后,这些人的隐私会遭到新闻记者或摄影师的侵犯,而且新闻投诉委员会根本无力对此提供足够的保护。两种声音相互抵消。[58] 渐渐地达成了共识,政府的新条款创造了适度的平衡,而且令不少人惊讶的是,最终不留分歧地达成一致。[59] 正如我们将在下文第四部分所看到的,它并未产生新闻媒体所完全希望的那种结果。

3.5 对补救命令的审查

在上议院,有关授权与解除管制的特别委员会将议院的注

---

〔57〕 Jack Straw MP, committee stage: Hansard, *Commons Debates*, 6th ser., cccxv, col. 535: 2 July 1998.

〔58〕 See, e. g., committee stage: Hansard, *Commons Debates*, 6th ser., cccxv, cols 547 – 56: 2 July 1998. 在此阶段议员马丁 · 林顿说:“在 1996 年新闻投诉委员会成立之前,3023 起案件中只有 27 起——去年这个数字如何可以获得——得到支持。这种规制的成功是不可能维持下去的。在不情愿的情况下我还是向新闻界,特别是维克哈姆勋爵,提出了警告,他们开始逐渐承认,新闻出版规制是不合适的。”

〔59〕 Committee stage: Hansard, *Commons Debates*, 6th ser., cccxv, cols 556 (Dominic Grieve MP) and 563 (agreement without division): 2 July 1998.

意力转移到授予大臣进行立法性规制权力(一种“补救命令”)的条款上来,该条旨在修订或废除被英国法院或斯特拉斯堡法院宣布与公约权利不一致的立法,包括基本法律。该委员会将这种授权称为“亨利八世”条款,将修订或废除议会立法权力授予某个人或某个机构,而不是议会中的女王。它建议应该有追加的防护措施以保障议会主权,包括议会通过补救命令时可以对其进行修订。[60] 在委员会里,阿洛韦的坎贝尔勋爵就此话题挑起了激烈的辩论。保守党议员主张,只能用基本法律来修改基本法律。

政府和自由民主党竭力主张,补救命令是真正消除立法与公约权利不一致的快捷方式,并指出使立法权力协调一致不会伤害到人民。从法案中废除补救命令的修正案被击败了,但提出了更深层的修正案,旨在议会对补救命令进行审查,并缩小其范围。例如,主教们提醒以法定文件的方式修订英国圣公会的政策措施是不合适的。[61] 因为彼此之间争论不休,双方同意反

〔60〕 House of Lords Select Committee on Delegated Powers and Deregulation, Sixth Report of Session 1997 – 98, HL Paper32(1997), paras 22 – 5.

〔61〕 Committee stage: Hansard, *Lords Debates*, 5th ser., dlxxxiii, cols 1109 – 20: 27 Nov. 1997.

思这场辩论。[62]

政府在报告中同意从补救命令中删除教会立法。[63] 但是迫于持续的批评,欧文勋爵最后让步,同意除紧急情况外,接受议会对补救命令的草案以及最终文本进行审查。

在下议院,反对派对补救命令提出了另外的忧虑。如果斯 78
特拉斯堡法院把《欧洲人权公约》视作一份活的法律文件,或许会进一步扩充公约权利,超出英国现在认可的内容,并要求英国通过补救命令落实违背英国意志的斯特拉斯堡判决,这将有损议会主权。国内法院也可能会超出议会想象地扩大公约权利的范围,宣告某项法律不一致,如果败诉方向斯特拉斯堡法院上诉,还会引发补救命令(不断如此,就会促使通过补救命令来应对这种不一致宣告)。自由民主党议员罗伯特·麦克伦南指出,英国最高法院作出不一致宣告,政府没有挑战的途径,败诉方若对不一致宣告不满,可以向斯特拉斯堡法院上诉,但斯特拉斯堡法院不可能作出不同于英国最高法院的判决。因此,根据

---

〔62〕 Committee stage: Hansard, *Lords Debates*, 5th ser., dlxxxiii, col. 1151: 27 Nov. 1997.

〔63〕 Report stage: Hansard, *Lords Debates*, 5th ser., dlxxxiv, cols 1279(Lord Campbell of Alloway), 1346 – 7(Lord Irvine): 19 Jan. 1998.

国际法，政府要么赋予那个判决法律效力，要么就违背公约。最终，本法维持议会主权的说法就是一种幻想。麦克伦南先生对此并不感到遗憾，他认为议会主权已经是“一个至少过时100年的原则”。[64]

但是大多数议员支持议会主权。[65] 因而，议员爱德华·加尼尔提议，除非某个案件被斯特拉斯堡法院受理，英国法院判定支持，否则，在此之前，应当允许大臣就个案证明不一致宣告无效，这相当于启动一个补救命令的机会。[66] 内政大臣回应说，大臣的证明无济于事，因为败诉方很可能无论如何都会将案件上诉到斯特拉斯堡。[67] 保守党议员多米尼克·格里夫在这个问题上支持他，认为议会应当可以选择忽视斯特拉斯堡法院判决或不一致宣告。[68]

---

〔64〕 Committee stage: Hansard, *Commons Debates*, 6th ser., cccxiv, col. 1124: 24 June 1998; 麦克伦南先生倾向于“真正意义上的权力分立，而不是口惠实不至的那种，以及以人民为基础的主权”。

〔65〕 See, e. g., Hansard, *Commons Debates*, 6th ser., cccxiv, cols 1124 (Edward Leigh, Conservative), 1128 (Jack Straw): 24 June 1998.

〔66〕 Committee stage: Hansard, *Commons Debates*, 6th ser., cccxiv, cols 1116 -9: 24 June 1998.

〔67〕 Committee stage: Hansard, *Commons Debates*, 6th ser., cccxiv, cols 1122 -3: 24 June 1998.

〔68〕 Committee stage: Hansard, *Commons Debates*, 6th ser., cccxiv, cols 1126 -7: 24 June 1998.

加尼尔先生还抨击了补救权的广泛性以及议会审查机会的有限性,把它称为一种亨利十六世权力(暗含其糟糕程度是亨利八世权力的两倍),在宪法上“臭不可闻”。[69] 但是,内政大臣击败了这种质疑,指出以前的保守党政府也曾引进了影响更加深远的权力,很少受到议会的制衡。[70]

随后,在下议院的三读是风平浪静,上议院接受了下议院的
修正案,法案在 1998 年 11 月 9 日得到了御准。经过公共机构 79
一段时间的准备之后,法案在 2000 年 10 月 2 日完全生效了。

4. 法律的影响

本部分不可能全面评价人权法的影响,只能集中探讨辩论期间提出的主要问题。

---

〔69〕 Committee stage: Hansard, *Commons Debates*, 6th ser., cccxiv, col. 1136: 24 June 1998.

〔70〕 Committee stage: Hansard, *Commons Debates*, 6th ser., cccxiv, col. 1137: 24 June 1998, 涉及《1994 年解除规制与退出合约法》。同时,这一点是真实的,后来的工党政府在《2001 年监管改革法》《2004 年国内突发事件法》《2006 年立法与规制改革法》中甚至比保守党走得更远。

4.1 对政府和公共行政的影响

2006 年,宪法事务部的一份评论结论说,有关人权法的司法判决并未严重影响刑法及其实施。对反恐政策有影响,但比斯特拉斯堡法院判决的影响要小。因为需要考虑公约权利,提高了政府决策的质量和透明度,以及部分由于人权联合委员会的工作,提高了政府对议会的责任感。但是,一些公共机构和公共部门工作人员夸大了公约权利带来的困难,因此政府应加强引导,澄清人权法和公约权利的实际作用。[71]

如政府所愿,许多重要机构已经提升了它们的权利文化。[72] 例如,警务培训强调公约权利体现的价值与现代警察工作的价值和目标相一致,包括尊严、公平、决策过程中的理性、平

---

〔71〕 Department for Constitutional Affairs, *Review of the Implementation of Human Right Act* (2006).

〔72〕 此等权利包含在财政部律师提供的建议中。参见 *The Judge over your Shoulder*(4th edn, 2006), available at http://www. tsol. gov. uk/publications/services. htm (accessed 10 Oct. 2010);而在宪法事务部里对这些权利及其影响所作的出色的解释,是 Human Right: *Human Lives-A Handbook for Public Authorities* (2006),其目标指向的是公共机构;*A Guide to the Human Rights Act 1998*(3rd edn, 2006), aimed at the general public. 此两份文件载:http://www. justice. gov. uk/guidance/humanrights. htm (accessed 10 Oct. 2010)。

等、多元、自治、责任和容忍等。但是,有些机构反而设法确保服从,强调法律责任,而不是人权原则与公共服务及良好行政的价值目标之间的和谐一致。这可能会催生防御心理,无法鼓励仁慈决策,提升实践能力,或激发一线员工的参与兴趣。这有时会避免侵犯权利的风险,通常都是微小的,但代价是改变了职业关系,破坏了原本支撑人权和公共服务精神的价值。2003 年审计委员的报告说:“58% 被调查的公共机构还没有采取人权保护策略。在很多地方公共机构,人权法还只是放在律师的办公桌上。在健康领域,73% 的信托机构尚未采取行动……在刑事司法部门,最初的那阵活跃激动已经停止了。”

只有 39% 的公共机构正在开展行动,促使订约人采取合理 80
措施,遵守公约权利。[73] 即使现在,议会和健康服务领域的巡视专员针对良好行政的指导还没有明确提到人权法。[74]

---

〔73〕 Audit Commission, *Human Rights: Improving Public Service Delivery* (2003), paras 3, 12 – 13, available at http://www. justice. gotv. uk/guidance/humanrights. htm (accessed 10 Oct. 2010).

〔74〕 Parliamentary and Health Service Ombudsman, *Principles of Good Administration* (2009); Parliamentary and Health Service Ombudsman, *Principles for Remedy* (2009); Parliamentary and Health Service Ombudsman, *Principles of Good Complaint Handling* (2009), all available at http://ww. ombudsman. org. uk/improving-public-service/ombudsmansprinciples (accessed 10 Oct. 2010).

无论如何，人权法规定的制裁风险迫使决策者在潜意识里，有时甚至是在前意识里遵守公约权利。即使人权法尚未始终如一地培育权利文化，那它至少提升了正当性文化，公共机构、法院和裁判评价自己和他人的判决和行为时会部分参考公约权利。[75] 这通常能对公共机构产生积极影响。

4.2 对法律的影响

抛开公约权利对苏格兰、威尔士和北爱尔兰授权机构的影响，这源自授权立法，人权法本身已经在多个领域促进了一种富有活力的法律思维，除其他事情外，这在议会辩论时引发了争议。

根据人权法的规定，公约权利的地位是个棘手难题。承认公约权利，它们就是在英国有效的国际法，国内法院普遍要跟随斯特拉斯堡法院，为权利提供比斯特拉斯堡法院不少但也不多的保护。与有些人的期望相反，人权法并没有成为一部真正意义上的英国权利法，或者其保护权利的方式并不具有典型英国

〔75〕 See further, David Feldman, ‘Changes in Human Rights’, in *Administrative Justice in Context*, ed. Michael Adler(Oxford, 2010), ch. 5.

特色。[76] 但是,法院已经偏离了斯特拉斯堡法院的路线,国内高等法院的不同判决束缚了斯特拉斯堡法院,[77] 斯特拉斯堡法院给成员国预留了空间,[78] 或者,国内法官认为斯特拉斯堡法院误解了国内法或其实践,无论如何,斯特拉斯堡的判决是由一个部门作出的,而不是由大法庭作出的。[79]

这些权利国际渊源的另外一项影响是,国内法院在对待这些权利时,像适用国际法一样受限。这就出现英国公共机构在英国外行为的问题,因为斯特拉斯堡关于《欧洲人权公约》领土范围的法理并不明确。还有一个争议,联合国授权下的军事行动归属国家还是联合国？这些权利是否能推翻联合国安理会根 81
据《联合国宪章》第 7 章采取的维护国际和平与安全的决议授

---

〔76〕 *R* (*Ullah*) *v. Special Adjudicator* [2004] UKHL 26, [2004] 2 AC 323, HL. Cf. Klug, *Values for a Godless Age*.

〔77〕 *Kay v. Lambeth LBC* [2006] UKHL 10, [2006] 2 AC 465, HL; *Doherty v. Birmingham City Council* (*Secretary State for Communities and Local Government intervening*) [2008] UKHL 57, [2009] AC 367, HL.

〔78〕 *In re P* [2008] UKHL 38, *sub nom. In re G* (*Adoption: Unmarried Couple*) [2009] AC 173, HL.

〔79〕 *R v. Horncastle* [2009] UKSC 14, [2010] 2 WLR 47, SC, declining to apply *Al-Khawaja and Tahery v. United kingdom* (2009) 49 EHRR 1.

权的行为？[80]

国内法院拒绝按照现代国家理念解释“公共机构”，进一步限制了人权法的适用范围。它们反而主要关注所提供的公共服务或设施（如住房或医疗护理）中是否有任何因素使之特别适合作为公共部门而不是私人机构，以使它们承担责任。政府已经介入，劝说它们改变方法，但是效果甚微。[81] 结果，公约权利的影响被人为地缩小了，[82]而个案的结果依然不

[80] See, e. g. , *R* (*Al-Skeini*) *v. Secretary of State for Defence* (*The Redress Trust intervening*) [2007] UKHL 26. [2008] AC 153, HL; *R* (*Al-Jedda*) *v. Secretary of State for Defence* (*JUSTICE intervening*) [2007] UKHL 58, [2008] AC 332 HL; *R*(*B.*) *v. Secretary of State for Foreign and Commonwealth Affairs* [2004] EWCA Civ 1314. [2005] QB 643, CA; *R* (*Gentle*) *v. Prime Minister* [2008] UKHL 20, [2008] AC 1356, HL; *R* (*Smith*) *v. Secretary of State for Defence* [2010] UKSC 29, SC; *R* (*Quark Fishing Lid.*) *v. Secretary of State for Foreign and Commonwealth Affairs* [2005] UKHL 57, [2006] 1 AC 529, HL; *R* (*Bancoult*) *v. Secretary of State for Foreign and Commonwealth Affairs* [2008] UKHL 61, [2009] AC 453, HL.

[81] *YL v. Birmingham City Council* [2007] UKHL 27, [2008] 1 AC 95, HL. The immediate effect of the decision has been reversed by legislation: See Health and Social Care Act 2008, section 145; but the general approach still applies in other fields.

[82] See two reports by the Joint Committee on Human Rights, *The Meaning of Public Authority under the Human Rights Act*, Seventh Report of Session 2003 - 04, HL Paper 39, HC 382 (2004), and *The Meaning of Public Authority under the Human Rights Act*, Ninth Report of Session 2006 - 07, HL Paper 77, HC 410(2007), and the government's response, *The Human Rights Act* 1998: *Definition of Public Authority-Government Response to the Joint Committee on Human Rights' Ninth Report of Session 2006 - 07*, Cm. 7726(2009).

确定。[83]

有些法官还通过解释《1998 年人权法》第 6(2)节旨在保护议会主权的内容否认人民享有公约权利,[84]因为当法律赋予公共机构一项自由裁量权或者强加一项义务,甚或一个部门按照法律规制运用普通法权力时,它们都将其视作一项压倒一切的权利。此种离奇的方式只是一部分,想要使巡回法官免于裁决所有权命令是否正当干涉了《欧洲人权公约》第 8 条保护的家庭权。斯特拉斯堡法院的判决和政府对司法诉讼的反复介入,迄今还没能说服法官从显然站不住脚的立场上撤回。[85]

无公共机构介入的诉讼中,公约权利适用的趋势是扩大而
非限制其范围。法院已经发展了泄露秘密法来保护《欧洲人权 82

〔83〕 E. g., compare YL, above, with *R* (*Weaver*) *v. London ε Quadrant Housing Trust* [2009] EWCA Civ 587, [2010] 1 WLR 363, CA.

〔84〕 第 6(2)节规定对公共机构来说与人权公约的规定不一致地行事并不违法,"如果(a)作为重要立法一个或多个条款规定的结果,公共机构不能在行动时与众不同;或者(b)在一个或多个条款规定的情况下,或者因这样一种重要立法所致,它不能被看作或给予了与人权公约和谐一致的方式和结果,公共机构如此行事以便产生效果或实施此等规定"。

〔85〕 *Doherty v. Birmingham City Council* [2008] UKHL 57, [2008] 3 WLR 636, HL. But see now *Manchester City Council v. Pinnock* (*Secretary of State for Communities and Local Government and Equality and Human Rights Commission intervening*) [2010] UKSC 45, 3 Nov. 2010, esp. at paras [93] – [103], in which a nine-judged panel of the Supreme Court has reintroduced some rationality.

公约》第 8 条规定的私生活权,并允许它在某些情况下优先于第 10 条保护的表达权和新闻自由。[86] 这正是新闻自由支持者希望的,能够回避《1998 年人权法》第 12 节。虽然"最高权力的判断已经认定,法院有义务将《1998 年人权法》第 6(1) 节和第 6(3) 节规定适用于公共机构",[87] 但是,在私人行为之间,国家保护人民私生活不受侵犯的积极义务如何落实并不清楚。可能塞得利大法官的解释是最好的:第 12 节规定法院对表达自由给予特殊考量的义务适用于整个第 10 条,包括第 10.1 条规定的权利,也包括正当介入第 10.2 条自由的理由。限制表达自由的理由在于保护其他权利,包括尊重私生活的权利。[88] 与此同时且出乎意料的是,斯特拉斯堡法院认为国家有义务保护人民(包括社会名流)的私生活免受记者的不合理侵犯。[89] 结果,事实证明,本法第 12 节的制定对新闻媒体来说是一个得不偿失的胜利。

---

[86] *Campbell v. MGN Ltd.* [2004] UKHL 22, [2004] 2 AC 457, HL.

[87] *McKennitt v. Ash* [2006] EWCA Civ 1714; [2008] QB 73, CA, at para. [10] per Buxton LJ.

[88] *Douglas v. Hello! Ltd.* (No. 1) [2001] QB 967 at paras [132] – [136].

[89] *Von Hannover v. Germany* (2004) 40 EHRR 1. 本文写作时,这个案件重新回到了斯特拉斯堡,在那里关于申诉的公开听证还悬而未决,自 2004 年以来国内宪法法理上进行了调整已经不能充分地保护有关尊重私生活的申诉权。

种种迹象表明,斯特拉斯堡法院开始更多地介入学校里的宗教象征问题。在劳齐诉意大利一案中,[90]有一节就说,国家应在不同宗教之间保持中立,在某种宗教占据实质多数的国家维护教育多元化。但是其含义不是很明晰,而且这个案件上诉到了大法庭。不管怎样,它都表明,上文 3.3 中讲述的爱德华·利对此类事务的忧虑不是没有根据。

另外,补救命令并未导致曾令人担心的宪法性危害。不一致宣告突出了上文 3.5 提到的罗伯特·麦克伦南指出的《欧洲人权公约》与议会主权之间的紧张关系,相当一致的做法发展了应对不一致宣告的立法。实践中几乎没有用过补救命令,部分原因是上议院增加的防卫手段大大延缓了补救命令的发布过程(除了紧急情况下利用特殊程序,可以不对草案进行审查),采用基本法律通常更快。到目前为止,仅仅颁发了 3 份补救命令。[91] 不管宪法原则看起来是多么重要,补救命令尚未对议会主权产生可见的影响。

---

〔90〕 (2010) 50 EHRR 42, Eur. Ct. HR. 在本文写作时,大法庭已经决定举行公开听证,但尚未给出裁决结果。

〔91〕 See Joint Committee on Human Rights, *Making of Remedial Orders*, Seventh Report of Session 2001 – 02, HL Paper 58, HC 473(2002); *English Public Law*, ed. David Feldman(2nd edn, 2009), 358 – 9.

83 ## 4.3 政治舞台上的人权

2001年纽约双子塔遭遇袭击后,强化了对国土安全的关注,人权法在政治上变得更富争议。免于酷刑权的绝对性有时妨碍英国将非法移民或具有恐怖嫌疑的外国人遣送回真正面临酷刑危险的国家,并且即便实践上不常是如此,也至少在理论上中止了[92]与美国在所谓"非常规引渡"(为了实施酷刑而进行绑架)项目上的安全情报合作。

持反对意见的保守党想要废除人权法,甚至公开指责《欧洲人权公约》。工党的一些领袖也不再对他们的孩子抱有幻想。首相托尼·布莱尔从未全身心地确信《欧洲人权公约》的价值,利用恐怖主义的威胁公开谴责此法。[93] 有些大臣承认,现实中无法回避《欧洲人权公约》。即便如此,他们还是努力劝

---

〔92〕 See *R* (*Binyam Mohamed*) *v. Secretary of State for Foreign and Commonwealth Affairs*[2008] EWHC 2048 (Admin), [2008] EWHC 2100(Admin), [2008] EWHC 2519(Admin), [2009] EWHC 152(Admin), [2009] EWHC 571 (Admin), [2009] EWHC 2549(Admin), [2009] EWHC 2973(Admin) (DC), [2010] EWCA Civ 65 and [2010] EWCA Civ 158(CA).

〔93〕 For discussion, see David Feldman, Human Rights, Terrorism and Risk: The Roles of Politicians and Judges', *Public Law* (2006), 364 – 84.

说斯特拉斯堡法院和国内法院,对免于酷刑的权利应该解释为允许成员国在涉及非欧洲国家比单纯处理国内事务的时候有更多的自由权。[94] 人权法的支持者处于守势。政府建议对法案进行审查,将其作为对整个英国政府系统进行广泛审查的一部分,这是由行政管理混乱引发的,当时,布莱尔想解雇大法官欧文勋爵,被迫通过《2005 年宪政改革法》进行重要的宪政改革。[95]

2007 年 7 月,政府发起了协商项目。[96] 目标是更多地考虑社会和社区利益,有人声称它们被个人权利压倒了。人权协商在 2009 年 3 月开始,[97] 政府的理念是限制人民行使反社会的能力,不用追溯到人权法和《欧洲人权公约》,尽管人权法可能吸纳为权利法案的一部分。相反,权利制度将会超越《欧洲人权公约》,可能会引进不具有可诉性的社会经济权利,但是需要

---

〔94〕 E. g., the UK's intervention in *Saadi v. Italy*, Application No. 37201/06, judgment of 28 Feb 2008 (GC), the home secretary's argument *in R (Wellington) v. Secretary of State for the Home Department* [2008] UKHL 72, [2009] AC 335, HL.

〔95〕 Sir John Baker, 'Our Unwritten Constitution', *Proceedings of the British Academy*, clxvii (2010), 91, 96 -7.

〔96〕 Ministry of Justice, *The Governance of Britain*, Cm. 7170 (2007).

〔97〕 Ministry of Justice, *Rights and Responsibilities: Developing our Constitutional Framework*, Cm. 7577 (2009).

适当的平衡机制。相比之下,保守党提倡用英国权利法案来代替人权法,权利法案中可以包括一些《欧洲人权公约》中没有的权利,如获得陪审团审判的权利,但又限制了其他一些权利,如免于酷刑的权利。

84 2000年大选中保守党未能在下议院获得绝对多数,只能与自由民主党组建联合政府,而自由民主党一直是《欧洲人权公约》和人权法最坚定的支持者,人权法至少被暂时性地搁置下来。两党达成妥协,同意由一个委员会对人权法进行审查,但是在《欧洲人权公约》的基础上进行审查,而不是要抛弃《欧洲人权公约》。[98] 这就加入了一些现实主义因素,但是从长远来看,人权法是否安全还有待观察:如果保守党在下次大选中获得绝对多数,他们有可能在巨大压力下废除人权法。

人权法已经产生了许多有益的效果,但它的地位依然不牢靠。最初被描述为宪政改革计划的一部分,但被后来一些不连贯的改革阻碍。随后的改革有些是计划外的,有些是出于恐慌与权宜之计,有些是由于秩序混乱,公众支持弱化等。最近的工党政府最终接受需要公共对话来引领宪政变革,而非只是亦步

〔98〕 HM Government, *Our Programme for Government: Freedom, Fairness, Responsibility* (2010), 11.

亦趋地追随改革的脚步。正如教授约翰·巴克爵士所言:“最近 7 年猛烈往前冲已经证明是一个错误的方法。宪法必须建立在广泛的共识之上,而且,我们还没有关于需要什么的任何共识。”[99]支持者希望人权法成为英国的权利法案,但它的基础是国际条约,妨碍了这一点——这仍然是一项进行中的工作,[100]但是,如果攸关人心的战斗能赢,也许它已经成为前进方向上很重要的一步。

---

〔99〕 Baker, 'Our Unwritten Constitution', 115. See further, Vernon Bogdanor, *The New British Constitution* (Oxford, 2009).

〔100〕 Cf. Klug, *Values for a Godless Age*, and see Joint Committee on Human Rights, *A Bill of Rights for the UK?*, Twenty-ninth Report of Session 2007 – 08, HL Paper 165 – 1, HC 150 – 1(2008).

85 制定苏格兰的"成文宪法"：《1998年苏格兰法》*

巴里·K.温卓卜

《1998年苏格兰法》是1997～2010年工党政府颁布的最重要的宪法性法律之一。然而，不像20世纪70年代试图制定权力下放立法那样，苏格兰法在议会的通过相对没有争议。20世纪70年代，党派或公众舆论对拟议的方案没有共识，也没有一个在议会拥有多数席位的政府去阻止各种修正案，这最终导致在1979年3月的全民公投中失败。20世纪90年代后期，形势完全不同，出现了更多共识；议会里超多数赞成立法方案，政策发展广泛进步。苏格兰法案在议会里顺利通过，所有审查都是

---

* 感谢评议本文初稿的所有同事。

建设性的。议会通过之后,尽管出现一些未曾想到的后果,如有关西维尔公约和苏格兰议会规模的争议,但整个法律的实施顺利又迅速。《1998 年苏格兰法》度过了一段相当长时间的和谐时光,得到政治、经济及法律上的普遍支持。但是,近年来出现了较多的不稳定和困难,考验着《1998 年苏格兰法》在苏格兰政府和英国政府里的稳定性和生命力。

关键词:共识 权力下放 立法 民族主义 议会 政策制定实施 全民公投苏格兰 《苏格兰法》 审查

1. 通向 1997 ~1998 年苏格兰法案之路

苏格兰 1997 年的治理架构是从 1707 年就开始在英国发展演变的,在 19 世纪晚期通过行政授权得到强化。[1] 20 世纪晚期,政治学者们争论这是否是一种政治体制,以及英国是否属于

---

〔1〕 J. Mitchell, *Governing Scotland*(Basingstoke, 2003).

一个统一的国家还是一个联盟或多民族国家。[2] 实际上,苏格兰的宪政发展有 3 个可能:维持现行的联合主义,独立/分离,地方自治或权力下放的联合主义。

一个有用的起点是,20 世纪 60 年代晚期,苏格兰民族党在选举中的地位上升,苏格兰工党感受到了威胁。这导致工党政府在 1969 年创建了皇家宪法委员会,在联合王国内设计出有效的权力下放方案。

86 1973 年该委员会发布了报告,提出了一系列宪法性建议案,[3]但爱德华·希思领导下的保守党政府并未采取立法行动。然而,苏格兰民族党在 1974 年的两场选举中获胜,迫使重新执政的工党政府不得不有所作为。但是,事实证明,拥有极少甚至缺乏议会多数支持,况且还有一批后座议员反对,就试图进行这样一种复杂且富有争议的宪法改革,是很困难的。大臣们不能强制其通过,所以 1976 ~ 1977 年的苏格兰与威尔士法案就被迫放弃了。在自由党—工党协议的保护下,确保拥有少数席

---

〔2〕 J. Kellas, *The Scottish Political System* (3rd edn, Cambridge, 1984); M. Keating and A. Midwinter, *The Government of Scotland* (Edinburgh, 1983).

〔3〕 *Royal Commission on the Constitution*, 1969 - 1973. *Vol. 1*: *Report*, Cmnd. 5460 (1973).

位的政府获得自由党支持,在 1977 ~ 1978 年又开始启动,并且为苏格兰和威尔士分开立法。

苏格兰法案在议会两院经历了漫长而又艰苦的通过历程,[4]提出了许多修正案,有些明显是“破坏性的”,旨在对政府施压,包括强制要求所谓的“40% 规则”,要求公投问题至少得到苏格兰全体选民 40% 的支持。1979 年 3 月 1 日的全民公投以微弱多数赞成激活该法案(52% : 48%),但是投“同意”的选票仅占全体选民的 33%,这个提案被抛弃了。

这成功招致了 1979 年 3 月 28 日反对詹姆斯 · 卡拉汉工党政府的不信任投票,接下来在 1979 年 5 月举行了大选,新的保守党政府撤销了这个法案。在此后的 18 年内,大臣们没有再支持权力下放,但确实呼吁改革,特别是威斯敏斯特对苏格兰事务的管理程序(到 1997 年,产生了一个加强版的大苏格兰委员会,除了名义上在威斯敏斯特,实际上就是迷你型苏格兰议会),通过苏格兰事务部扩大了行政授权,所有目标都在于安抚不断增长的支持权力下放的浪潮。

---

〔4〕 P. D. Lindley, *The Scotland Act in Parliament*: *A Chronological Summary*, Civil Service College Working Paper No. 4 (1978); A. W. Bradley and D. J. Christie, *The Scotland Act 1978* (1979).

权力下放的支持者认为，未来任何运动都将是人民驱动。[5] 最终出现了一个苏格兰制宪会议，由广泛的市民社团组成。从 1989 年开始，[6] 两个主要参与的政党——工党和自由民主党就敏感问题的谈判，如拟议的议会规模及其投票制度，有了方便的平台。在这种政治背景下，制宪会议最终在 1995 年 11 月发布了报告——《苏格兰议会》和《苏格兰人的权利》，尽管并不像支持者声称的那样全面严谨，但对所有非保守党政府的权力下放政策势必产生影响。

工党政府越来越可能支持权力下放政策。3 个有影响力的例子是，由班纳德·克里克和大卫·米拉尔 1995 年提出的一套议会程序草案，[7] 以及 1996 ~ 1997 年的两份宪法报告。[8] 后
87 者说服工党启动苏格兰法案，将一系列权力保留给威斯敏斯特，而不是像 1978 年法案那样，将一份更加冗长的权力清单交给新

---

[5] A. Brown, 'Designing the Scottish Parliament', *Parliamentary Affairs*, liii (2000), 542; J. Mitchell, 'New Parliament, New Politics in Scotland', *Parliamentary Affairs*, liii (2000), 605.

[6] K. Wright, *The People Say Yes* (Glendareul, 1997).

[7] Bernard Crick and David Millar, *To Make the Parliament of Scotland a Model for Democracy* (Edinburgh, 1995); see also M. Mitchell, *Working Parliament for Scotland: Standing Orders for the Scottish Parliament* (Edinburgh, 1998).

[8] G. Leicester, *Scotland's Parliament: Fundamentals for a New Scotland Act* (1996); G. Leicester, *Illustrative Drafs for a New Scotland Bill* (1997).

的议会。尽管这只是一种技术上的,但又是很重要的改变。

约翰·史密斯领导下的工党(1992~1994 年)一直致力于权力下放和其他的宪法改革。下一任领导人托尼·布莱尔保持了这种改革,但好像热情少了些。工党和自由民主党 1997 年选举纲领中,都将苏格兰和威尔士的权力下放列为新政府的优先事项。

这一点得到了履行。1997 年议会的第一份议案就是苏格兰和威尔士法的全民公投,5 月 21~22 日进行了二读。7 月 31 日通过的前一周,苏格兰事务大臣唐纳德·杜瓦发布了一份白皮书——《苏格兰议会》,[9] 涵盖了许多苏格兰法案的细节内容,确信了全民公投的成功。1997 年 9 月 11 日举行了公投,以决定性的多数赞成权力下放和有限的征税变更权。

随着所有这些初步的障碍被成功克服,包含 116 个条款和 8 份详细表格,共计 88 页的苏格兰法案在 1997 年 12 月 17 日提交给了下议院。[10] 它在开篇宣称:“将会有一个苏格兰议会。”[第 1(1)条]第二天在格拉斯哥的新闻发布会上杜瓦增加了这

〔9〕 Scottish Office, *Scotland's Parliament*, Cm. 3658 (Edinburgh, 1997); Hansard, *Commons Debates*, 6th ser., ccxcviii, cols 1045 – 67: 24 July 1997.

〔10〕 Bill 104 of 1997 – 8.

样一句:“我喜欢这样!”

2. 法案在议会

苏格兰法案在漫长的1997~1998年会期里的议会之旅可以概括为两个方面:顺利通过和建设性审查。

2.1 顺利通过

对于这样一部重要的,具有潜在争议性的立法,并考虑到20世纪70年代权力下放立法在议会里遭遇的困难还令人记忆犹新,苏格兰法案在议会两院顺利通过实在不同寻常。这是各种机缘巧合,不全是有计划的,减少了从原则上以及对特定条款的反对性质和规模。

2.1.1 政党的算术

最显而易见的理由是工党在1997年大选中取得全面胜利,拥有418个议席,保守党则只有165个议席。执政18年之后,保守党失去了近180个席位,这是一种极大的创伤。相反,自由民主党议席翻番,意外达到46席,使他们在支持权力下放问题上能发出更强有力的声音。重要的是,工党在英格兰获得了显著多数的议席,实际上是保守党议席数量的两倍,他们328个席位为其提供了有效多数。 88

在苏格兰和威尔士,保守党未拿下任何席位,这一个巨大的打击,特别是1992年它设法增加在苏格兰的代表后,这更让人出乎意料。苏格兰和威尔士公开抛弃保守党,显然很大程度上是其维持现状的联合观。

2.1.2 共识

工党和自由民主党曾公布了一份选前协议,[11]根据此协议,它们将在包括权力下放在内的一系列宪政改革上进行合作。尽管自由民主党反对立法前的公投,但它不会“寻求阻挠或拖延此次的公投立法”,随着全民公投出现胜利结果,它亦不会反对在第一个会期中提出主要的权力下放立法。[12] 拥有6个席位的苏格兰民族党也不会这么做,尽管它想要的是一个多项选择的公投,包括一个是否独立的选项,比政府拟议的权力下放更

〔11〕 *Report of the Joint Consultative Committee on Constitutional Reform*(Cook-Maclennan Agreement)(1997).

〔12〕 Paras 39 -40.

广泛深入。

尽管那时并不清晰可见，但使议会能击败权力下放立法中有效反对意见最重要的因素或许是1997年全民公投的结果。1996年6月，工党突然宣布进行权力下放立法前的公投，包括一个独立的问题，即权力下放议会的征税变更权，这被看作一个大转变，安抚了党内和更大范围的公众中反权力下放者，反击了保守党称它为“印花税”的说辞。权力下放支持者认为不必要举行全民公投，并且这可能被国家领导人布莱尔搞砸，还有一些政治人物和评论家对立法前公投的宪法后果表示忧虑。

然而，全民公投[13]的结果毫不含糊地确认了这种支持，而从最近的大选中亦可以间接看出对拟议权力下放的支持。首先，一般性问题得到了74.3%的投票者支持——其中苏格兰全体选民的45%支持，这就超过了使1979年全民公投流产的臭名昭著的阻碍性规定即“40%规则”——财政性问题得到63.5%的投票者支持。其次，议会知道政府政策得到了（苏格兰）社会民众的坚定授权。这种明确的公共合法化使得任何一院要全盘反对此法案事实上都不可能。因此，法案的大多数反

〔13〕 D. Denver et al., *Scotland Decides: The Devolution Issue and the 1997 Referendum*(2000).

对者后来只是提了“建设性反对意见”。

这种方法在保守党和苏格兰民族党的态度中看得最清楚。它们都曾拒绝参加制宪会议,保守党是因为不同意权力下放,苏格兰民族党(最初参与了一些)是因为制宪会议拒绝讨论独立问题。无论如何,两党都充分参与了苏格兰事务部在 1997 年 89
11 月设立的商议筹划小组(consultative steering group,CSG),从实践和程序上研究议会操作问题。

一项巧妙处理潜在反对力量的策略令人惊讶地写进了议案白皮书中,这导致了苏格兰议员数量减少。[14] 尽管逻辑上并没有“回答”被称作西洛锡安的问题(或者说英格兰问题),[15]但这项条款稀释了权力下放方案固有的议员代表和宪法异化这种潜在可能性,对此代表西洛锡安地区的工党议员塔姆·达利埃尔过去一直在强调这在 20 世纪 70 年代的巨大影响。[16]

2.1.3 准备

正如已经注意到的,苏格兰制宪会议以及与此相关的跨党

---

〔14〕 *Scotland's Parliament*, Cm. 3658, para. 4.5. See section 86 of the 1998 act.

〔15〕 *The English Question*, ed. R. Hazell_(Manchester, 2006).

〔16〕 T. Dalyell, *Devolution: The End of Britain?* (1977); House of Commons Library, Parliament and Constitution Centre, *The West Lothian Question*, Standard Note SN/PC/02586(May 2010).

派协商,促成了权力下放的部分内容。1997 年后,商议筹划小组和新政府一起创建了其他的专家小组,委任它们开展外部研究,意在充实总体政策的各项细节。例如,1998 年 2 月设立的财政问题顾问小组,一年后发布了报告,研究了涉及法案框架(第 70 节)的问题,并充分讨论了《2000 年(苏格兰)公共财政与会计责任法》(一项苏格兰法律)。同样,法案总纲条款(第 39 节)还涵盖了政府中的伦理标准这个热点话题,先于后来新一届议会在商议筹划小组报告行为工作组守则之后制定的详细立法和议院机制。

2.1.4 程序背景

拟议中的宪法性法律,包括苏格兰法案的地位问题在 1997 年选举之前就有较多讨论。作为一部"宪法性法律"(一个非正式但得到认可的概念),同时也是一项竞选纲领性法案,通常认为有些惯例应适用于苏格兰法案,包括下议院的委员会审读阶段要完全在下议院进行,不应该限制辩论时间,上议院遵循"索尔兹伯里惯例",不会阻挠或废除它或其主要条款。[17] 但是,还

---

〔17〕 J. Seaton and B. Winetrobe, 'The Passage of Constitutional Bills in Parliament', *Journal of Legislative Studies*, iv(1998), 33; R. Hazell, 'Time for a New Convention: Parliamentary Scrutiny of Constitutional Bills 1997 – 2005', *Public Law*(2006), 247.

有些担心,新政府试图要越过上述全部或部分惯例,[18]上议院要不顾“索尔兹伯里惯例”,将设法阻止它们的计划。

工党 1997 年的竞选纲领中除了苏格兰权力下放外,还拟议 90
了一些重要的宪法变革,其中一些不可避免地与之重叠。这包括制定威尔士和北爱尔兰权力下放立法,尽管这 3 个权力下放方案之间存在重大差别;[19]人权法案;改革上议院的承诺,以及威斯敏斯特议事程序与实践的“现代化”,包括立法程序,一定程度上旨在缓解政府立法通过的压力。

所有这些都要求协调合作,特别是议会业务管理部门的实践性方面。最关键的是国土部门,不像 20 世纪 70 年代,一个内阁办公室或枢密院办公厅那样的核心部门来推动各自的权力下放法案。唐纳德·杜瓦作为苏格兰事务大臣,[20]是个拥有业务管理经验的“重磅人物”,并且得到财政大臣戈登·布朗和大法

---

〔18〕 See Select Committee on Modernisation of the House of Commons, *The Legislative Process*, First Report of session 1997 – 98, HC 190(1997), esp. paras 57 – 66, 74 – 80.

〔19〕 有时这种同类立法条款发生交叉混合很少希望看到,就像对苏格兰议会选举中的地区选举规定是“开放性”地列举还是“封闭性”地列举(第 5 节)所发生的争论一样,同时期 1997 ~ 1998 年欧洲议会选举法案流产失败的一个重要原因亦在于此。

〔20〕 因为他已经是反对派领袖,这是布莱尔经过深思熟虑之后的任命。

官欧文勋爵(他主持内阁权力下放委员会)这种有影响力的内阁成员支持,同时还得到反对党的尊重。他具备明显的权威地位,可以使他个人投身其中的政策足以获得通过。[21]

正如工党在竞选纲领中承诺的那样,在第一个会期相对比较早地提出,直到 1998 年 11 月或 12 月,这样权力下放立法有足够长的会期。除了其他的宪法性法律和吸引眼球的社会经济法案(如英格兰银行独立法)外,工党政府首个会期的立法任务相对轻松。

部分由于保守党反对派出人意料地在制定时间表上慷慨让步,这肯定让政府业务管理人员非常兴奋,对下议院委员会及后来的审读阶段来说这使一项计划的动议能够达成。[22] 引领法案通过议会两院,没有诉诸单方面的限制辩论时间或动用常务委员会。只有 3 位上议院议员阻挠修正案。[23] 1998 年 11 月 17 日,法案通过了所有程序,两天后,也就是会期最后一天,得

---

〔21〕 从内部视角上观察,参见由欧文勋爵和塞维尔勋爵撰写的章节,载 *Scotland's First First Minister*, ed. W. Alexander(Edinburgh, 2005)。

〔22〕 Hansard, *Commons Debates*, 6th ser., ccciv, cols 254 – 5: 13 Jan. 1998.

〔23〕 *House of Lords Public Bill Sessional Statistics for Session 1997 – 98*, Table 12, available at http:/www. publications. parliament. uk/pa/ld199798/ldpbstat/stat9813. htm(accessed 4 October 2010).

到了御准。因为有一致同意的时间表,辩论尽管差不多延长到了一年,在下议院还经常被缩短,把许多关键性问题留给上议院进行更充分的讨论。大约有 190 小时的议事时间花在这个法案上,其中将近 107 小时是在上议院,相比之下,只有 83 小时是在下议院(参见表 1)。

尽管在下议院受到了挫折,但是 1997 年夏天通过了全民公投立法,第二年才对实质性权力下放法案实施详尽审查。因此,全民公投立法还等同于一种立法前审查。

表 1　1997 ~ 1998 年苏格兰法案的议会审读阶段 91

阶段	天数	日期	议案编号
下议院一读	(正式的)	1997 年 12 月 17 日	104
下议院二读	2	1998 年 1 月 12 日、13 日	—
下议院全体委员会(“CWH”)	8	1998 年 1 月 28 日、29 日;2 月 10 日、12 日、23 日;3 月 4 日、30 日、31 日	—
下议院报告及三读	3	1998 年 5 月 6 日、12 日、19 日	166
上议院一读	(正式的)	1998 年 5 月 20 日	119
上议院二读	2	1998 年 6 月 17 日、18 日	—

续表

阶段	天数	日期	议案编号
上议院委员会	10	1998年7月8日、14日、16日、21日、23日、27日、28日、30日;10月6日、8日	—
上议院报告	4	1998年10月22日、28日;11月2日、3日	155
上议院三读	1	1998年11月9日	160
下议院对上议院修正案	2	1998年11月11日、16日	256
上议院对下议院修正案	1	1998年11月17日	165
国王御准	—	1998年11月19日	1998年第46号

2.2 建设性审查

议会审查通常都是建设性，重点考查法案的核心宪法性条款。政府有信心确保法案最终将以可接受的方式通过，就能轻松应对议会针对特定论题的性质和范围进行辩论。

法案在1998年11月获得通过，有132条和9份明细表，比之前12月最初的草案多了16条和1份明细表，更详细一些。

但在基本政策方面没有什么明显不同,事实上那些非常紧要的变革都是由政府提议或得到政府同意的。由于 1997 ~ 1998 年的苏格兰法案是本书探讨的最大一份宪法性立法,本小节仅仅重点剖析批准过程中的 3 项议题,其他内容在下一节关于"出乎意料的结果"中进行讨论。

2.2.1 议会至上

该法案第 27(7)条这个宣示性的分条款,以及通过后没有变化的第 28(7)条——"本部分规定并不影响英国议会为苏格兰制定法律"——引起了关于权力下放后议会主权性质的激烈争论,政府坚持的一些规定在法律上仍然没有改变。[24] 虽然有人认为这个规定完全没必要,[25] 但另有一些人则试图对其进行 92
修订,进一步强调英国议会继续保持至高无上地位,或者对其进行限定,免得不必要地伤害到新机构。1998 年 1 月 28 日下议院委员会审读阶段刚刚开始,两个均不成功的建议都出现了。

---

〔24〕 *Scotland's Parliarnent*, Cm. 3658. para. 4.2:"联合王国议会现在是将来也依然是在所有问题上都享有主权,但是……威斯敏斯特正在选择通过把其立法权能下放给苏格兰议会的方式来行使主权,这种方式并没有缩减其自身的权力。"

〔25〕 1997 ~ 1998 年苏格兰法案第 1 条包含有一个类似的宣示主权的规定,在下议院辩论中被击败之后这一条就被废除了:Hansard, *Commons Debates*, 5th ser., cmxxxix. cols 1323 – 409;22 Nov. 1977。

保守党提出的修正案明确宣告传统的议会至上原则,包括在第1条(规定建立了新议会)增加一款,确保"在有关苏格兰的所有人和所有事项方面,英国议会的最高权威性依旧毋庸置疑,不受影响"。相关的修正案还设法扩张第27(7)条,将议会至上的规定不仅适用于该条款(有关议会立法权的规定),而且适用于整部法律,适用于任何超越议会立法权对英国法所作的修改。

另外,自由民主党和苏格兰民族党提出的修正案致力于将议会至上限制在"保留事项"上。在前一年全民公投立法通过期间,图瓦保证,只要苏格兰人民愿意,权力下放不会在法律上阻止进一步向独立方向迈进,这有助于让苏格兰民族党融入团队。[26]

2.2.2 财政

财政不可避免的是争论激烈的话题。法案第4部分中有限的所得税调节权长期饱受争议,这项财政权对议会来说是"走得太远",还是"过于虚弱"? 按理说,对授权机构来说,政府设计的权力更多是象征性的,尚未到重要的政策制定阶段,至于其

〔26〕 E g, see Hansard, *Commons Debates*, 6th ser., ccxciv, col. 725:21 May 1997.

运用——无论是提高还是降低苏格兰人民的所得税,还未认真考虑过。

原则问题亦如是,许多修正案试图去检测这些提议的实践性和运作方式,这些议案是把全英国原本复杂的所得税法律及实践嫁接到一个授权机构上。这包括定义问题,如“苏格兰纳税人”(规定在第 75 节)的含义[27]和“基本汇率”以及对征收所得税权力运用的明确限制。[28]

法案第三部分更多涉及权力下放地方财政的行政管理问题,对这部分的审查主要集中在两个层级政府之间的关系上,以及许多人视作授权地方的依赖性和“财政上不负责任”,几乎完全依赖中央政府的财政补贴。中央政府财政补贴的计算、随着时间的调整(如通过巴内特公式这种机制)以及分配,还有对英国其他地区的影响,事实证明,尽管这些细节实际上很少——即便有的话——落实在法案里,但这对争议双方而言都是丰富的辩论材料。[29] 最后,有关权力下放地区财政的会计及审计这 93

〔27〕 Hansard, *Commons Debates*, 6th ser., cccvi, cols 91 – 109: 23 Feb. 1998; Hansard, Lords Debates, 5th ser., dxciii, cols 2056 – 9: 28 Oct. 1998.

〔28〕 Hansard, *Lords Debates*. 5th ser., dxciii, cols 261 – 81: 6 Oct. 1998.

〔29〕 Hansard, *Commons Debates*, 6th ser., cccii, cols 566 – 609: 12 Feb. 1998; Hansard, *Lords Debates*, 5th ser., dxcii, cols 1654 – 80: 30 July 1998.

些技术性条款也属于讨论的范围,威斯敏斯特或白厅对权力下放地区机构直接使用,或借助权力下放机构自身财政控制机制使用财政补贴,进行适当监督甚至控制的性质和程度等。[30]

2.2.3 司法与法律制度

根据工党的宪法改革方案,包括我们已经看到的《1998 年人权法》,法院及法官的地位不可避免会更加突出。苏格兰法案也是如此。作为权力下放给苏格兰的"成文宪法",它将许多的惯例和实践转化为法律,法官拥有了审查授权立法的权力。"司法部门是法律制度的中心,而法律制度是苏格兰的中心,这证明权力下放是正当的。"[31] 下面从两个方面说明威斯敏斯特在法案审查期间如何处理这类问题。

- *苏格兰法官的任免*[32]

通过在权力下放和权力保留两个层面分配责任,将业已存

〔30〕 Hansard, *Commons Debates*, 6th ser., cccvi, cols 610 – 41: 12 Feb. 1998; Hansard, *Lords Debates*, 5th ser dxcii, cols 1712 – 22;30 July 1998.

〔31〕 Dewar, second reading speech: Hansard, *Commons Debates*, 6th ser., ccciv, col. 30: 12 Jan. 1998.

〔32〕 C. Himsworth, 'Securing the Tenure of Judges: A Somewhat Academic Exercise?', *Public Law*(1999).14.

在的法官任免制度“编纂”为法律。白皮书[33]和所提出的该法案[34]都很少涉及细节。鉴于议会的立法经验,且法案主要是在上议院进行讨论,尽管这本身并不意外,但大臣们还是没预料到对此条的质疑程度。

其中部分内容在下议院进行了简单复审,[35]政府做了一些让步,尤其是在免职条款上。[36] 上议院里更坚定的质疑导致违反政府意愿在免职条款中增加了一个全新的“独立法庭”。[37] 政府接受失败,[38]吸纳进自己的版本中,这主要发生在下议院对上议院的修正案进行审读阶段。[39] 此后,随着 2002 年非法定的司法任命委员会,得到授权的苏格兰在《2008 年(苏格兰)司法与法院法》中对该领域作了许多自己的规定。 94

〔33〕 *Scotland's Parliament*, Cm. 3658, para. 2. 4.

〔34〕 Clause 89 on appointment (including the prime minister's role in respect of the lord president and the lord justice clerk) and on removal.

〔35〕 See, e., the committee debate: Hansard, *Commons Debates*, 6th ser., cccvii, cols 1150 – 60: 4 Mar. 1998.

〔36〕 Hansard, *Commons Debates*, 6th ser., cccxii, cols 777 – 85: 19 May 1998.

〔37〕 Hansard, *Lords Debates*, 5th ser., dxciv, cols 41 – 72: 2 Nov. 1998(反对修正案获得通过,144 票对 108 票).

〔38〕 Third reading: Hansard, *Lords Debates*, 5th ser., dxciv, cols 586 – 92: 9 Nov. 1998.

〔39〕 Hansard, *Common Debates*, 6th ser., cccxix, cols 440 – 57: 11 Nov. 1998.

• *“宪法法院”*

由枢密院司法遴选委员会（selection of the judicial committee of the privy council, JCPC）而非上议院或新的宪法法院作为权力下放争议的最终裁决机构，这一点同样富有争议。[40] 随着政府放宽最初写进白皮书后列入法案第94条的建议案，[41] 关于枢密院司法遴选委员会在权力下放裁判中委员选任问题颇受争论，上议院试图将之放宽到英国法官之外，甚至包括资深的英联邦法官，但政府成功抵制了这种想法。[42]

两院就设立某种新的“宪法法院”，以反映新宪法环境，进行了辩论。苏格兰民族党领导人亚历克斯·萨尔蒙德在下议院报告阶段提议以德国模式为基础设立一个法院，但未成功。[43] 在上议院报告阶段，自由民主党提出了一个不同设计方案的宪法法院建议案，受到了争论，[44] 但后来又撤回了。

---

〔40〕 C. Boyd, ‘Parliament and Courts: Powers and Disputes Resolution’ and G. Jackson, ‘Devolution and the Scottish Legal Institutions’, in *Devolution to Scotland: The Legal ASpects*, ed. T. StJ. Bates (Edinburgh, 1997).

〔41〕 *Scotland's Parliament*, Cm. 3658, para. 4.17.

〔42〕 See third reading: Hansard, *Lords Debates*, 5th ser., dxciv, cols 592 – 8: 9 Nov. 1998.

〔43〕 Hansard, *Commons Debates*, 6th ser., cccxi, cols 204 – 13: 12 May 1998. 这个新条款以8票对388票被击败了。

〔44〕 Hansard, *Lords Debates*, 5th ser., dxciil, cols 1963 – 86: 28 Oct. 1998.

内阁反对这些建议案,支持枢密院司法遴选委员会作为权力下放争议的合适解决机构,随着突然出现的紧急情况,很快就变得虚无了,这部分是一个低效无能的内阁在 2003 年 6 月得以重组的附带结果,部分是政府提议设立一个英国最高法院,由它吸收枢密院司法遴选委员会对权力下放法案的管辖权。[45]

2.2.4 “细致的审查”

虽然法案本身被议会两院完全采纳,但法案及其包含的政策事项也成为一些重要委员会的审查目标。

1997 年 11 月,苏格兰事务委员会宣布对“多层级民主的实施”问题进行调查,其报告在御准后不久的 1998 年 12 月 2 日公布。[46] 这次调查与法案的通过正好同时进行,从有意义的比较视角考察了许多宪法和实践上的问题,如这种复杂新制度的稳定性。

在上议院,授予权力和解除管制委员会两次审查了苏格兰法案,审查授予的立法权中所有不适当条款或不充分的议会

〔45〕 最终被纳入 2005 年宪法改革法之中,成为法律。

〔46〕 Scottish Affairs Committee, *The Operation of Multi-Layer Democracy*, Second Report of Session 1997 – 98 HC 460(1998).

95 监督。[47] 其审查建议导致实质上重写了法案的次级立法条款。[48]

3.《1998 年苏格兰法》：后果与遗产

3.1 实施

从重要的宪法变革上看，权力下放方案落实得很迅速。仅在工党政府就职两年后，1999 年 5 月 6 日举行了第一届苏格兰议会选举（依据附加议员选举制，结合了简单多数选区和多议员席位选区）。5 月 12 日议会首次集会，迅速达成了一个工党—自由民主党联盟，任命了内阁队伍。从 5 月中旬就开始运作的新获得授权机构 7 月 1 日获得了充分的立法权和行政权，以王室在议会的“开启”为标志。前文描述了该部法律在议会

〔47〕 House of Lords Delegated Powers and Deregulation Committee, Twenty-fourth Report of Session 1997 – 98, HL Paper 124 (1998); Thirty-second Report of Session 1997 – 98, HL Paper 146 (1998). 假如那时它们都存在，上议院的宪法委员会和有关人权的联合委员会将很可能也会对法案进行相应的“细致的审查”。

〔48〕 特别是第 112 ~ 115 节和明细表 7。

轻松通过的诸多因素也有助于它迅速而又相对顺利地得以实施。

虽然本法是新权力下放体制的必要因素,并不是充分因素。[49] 本法在保持中央权力下放的精神下,更多内容及其附属的次级立法倾向于框架性或临时性规定,以便新获得授权机构可以在很多方面充实其条款或修订其内容,如新议会的程序与实践。

这并不限制英国议会和苏格兰议会具体化授权立法方案,进一步修订或制定新的主要立法。这包括制定新的议会议事规则和其他程序性意见;行政机构的指导意见;[50] 英国政府的权力下放指导意见,包括党派之间的协议。

由如此复杂和多元的材料汇集而成,它们共同为权力下放的苏格兰治理提供了“成文宪法”的大部分内容,并且隐藏着冲突的目标,不协调之处相当多。在一定程度上,原来苏格兰事务部及其官员在 1997 ~ 1999 年的密切参与缓和了这种冲突,他们

---

〔49〕 它几乎没说,如关于对欧洲和地方政府层级的影响。

〔50〕 E. g., Scottish Executive, *Scottish Ministerial Code, and Guide to Collective Decision Making* (Edinburgh, 1999).

中的大多数后来都就近转移到新成立的授权机构中。[51] 事后看来,可以发现,太多细节和思考投入议会的设立,却不是将苏
96 格兰事务部转化为全新的获得授权的苏格兰政府和其他英国部门——苏格兰事务部。[52]

3.2 始料不及的后果

希望这部重大又复杂的宪法性法律能够不需修改就得到实施是不现实的。其条款不可避免会产生一些意想不到的后果,有些是无法预见,还有些是其规模和影响被低估了。这里简要概述 3 例。

3.2.1 塞维尔惯例[53]

尽管授予新议会立法权,但 1997 年的白皮书提到可能有例

---

〔51〕 P. Grice, 'The Creation of a Devolved Parliament', *Journal of Legislative Studies*, vii(2001), 1.

〔52〕 R. Parry, 'Changing UK Governance under Devolution', *Public Policy and Administration*, xxii (2008), 114; R. Pyper, 'The Civil Service: A Neglected Dimension of Devolution', *Public Money and Management*, xix (1999), 45; M. Keating and P Cairney, 'A New Elite? Politicians and Civil Servants in Scotland after Devolution', *Parliamentary Affaris*, lix(2006), 43.

〔53〕 B. Winetrobe, 'A Partnership of the Parliaments: Scottish Law Making under the Sewel Convention at Westminster and Holyrood', in *Devolution, Law Making and the Constitution*, ed. R. Hazell and R. Rawlings (Exeter, 2005).

外种情况:"由英国议会立法更方便。"[54] 1998 年 7 月,在讨论最高条款时,苏格兰事务部大臣塞维尔勋爵提议:"我们希望能够创建一个惯例,未经苏格兰议会同意,威斯敏斯特通常不要对权力下放事宜进行立法。"[55]

没有人认为,英国(或未来的苏格兰)政府会把这个惯例作为威斯敏斯特对权力下放区域进行立法的积极因素。然而,从 1999 年开始,所谓的"塞维尔动议"(苏格兰议会同意英国政府的要求,允许威斯敏斯特在特定领域进行立法)远没有局限于首席大臣唐纳德 · 杜瓦所形容的"例外和有限情形",[56] 事实上成为一种常规化的行为,由政府推动并受制于不完全的议会监督。明显能够感知到威斯敏斯特要强力介入哈路德的立法权,尤其是在有争议的领域,并趋于稳定化。

议会和政府都审查了这个问题,[57] 并引入了更加透明和负责的程序。虽然没有大规模减少现在被称作立法同意的出现频

---

[54] *Scotland's parliament*, Cm. 3658, para. 4.4.

[55] Hansard, *Lords Debates*, 5th ser., dxcii, col. 791: 21 July 1998.

[56] Scottish Parliament Official Report, 16 June 1999, c 403.

[57] These include: Scottish Parliament Procedures Committee, 7th Report 2005, *The Sewel Convention*, SP Paper 428 (2005); House of Commons Scottish Affairs Committee, The Sewel Convention: *The Westminster Perspective*, Fourth Report of Session 2005 - 06, HC 983(2006).

率,但即使在苏格兰民族党的领导下,他们显然也对此事冷处理。

97 ### 3.2.2 苏格兰议会的规模

正如前文所述,关于西洛锡安问题的一个“答案”是缩减苏格兰议员人数。然而,像法律草案规定的那样,这必然会在苏格兰议席数量问题上引起一个连锁反应,将席位从 129 席减至 104～108 席。上议院提出一项反对政府的修正案,要求保留议会的原初规模,[58]但在下议院被推翻了。[59]

不过,11 月 17 日在上议院,塞维尔勋爵暗示根据他的经验这个问题可能会被重新提起。[60] 不出所料,要求保留 129 个议会席位的压力增大了,政府答应在 2001 年 11 月进行复审,[61]并在下一月发表了咨询意见书。[62] 一年后,意料之中的大转向

---

〔58〕 Hansard, *Lords Debates*, 5th ser., dxc, cols 1331 - 40:8 July 1998; dxcii, cols 1591 - 1607: 22 Oct. 1998(修正案以 103 票对 94 票通过)。

〔59〕 Hansard, *Commons Debates*, 6th ser., cccxix, cols 377 - 405: 11 Nov. 1998(上议院修正案不同意,303 票对 173 票);被上议院接受:Hansard, *Lords Debates*, 5th ser., dxciv, cols 1180 - 96: 17 Nov. 1998(反对动议失败了,53 票对 119 票)。

〔60〕 Hansard, *Lords Debates*, 5th ser., dxciv, col. 1195: 17 Nov. 1998.

〔61〕 Hansard, *Commons Debates*. 6th ser., ccclxxiv. col. 91: 6 Nov. 2001.

〔62〕 Scotland Office, *The Size of the Scottish Parliament*(2001).

得到了证实,[63] 而且在 2004 年修订 1998 年法律的议案通过了。[64]

3.2.3 宪法守护者[65]

早在二读时,公共财政委员会主席大卫·戴维斯就把第 66 条第 1 款 c 项看作"特别脆弱"的条款。该款规定由"一个独立的人"担负财务会计与审查的核心重任。[66] 在委员会会议上,他借鉴《1983 年国家审计法》有关审计官与查账员的一般性规定提出了修订案,试图让这个人的任免能更独立于政府。大臣们积极响应,并在报告审读阶段动议进行修正,最终成为第 69 条,为苏格兰创造了一个总审计员职位,在全体苏格兰议会议员 2/3 多数支持下,根据议会提名由女王任命,并根据议会决定由女王免职。[67]

这种显然无冒犯之意的条款成为议会创建其他 6 个被授权

---

〔63〕 Hansard, *Commons Debates*, 6th ser., cccxcvi, cols 859 – 71: 18 Dec. 2002.

〔64〕 Scoltish Parliament(Constituencies) Act 2004.

〔65〕 O. Gay and B. Winetrobe, *Officers of Parliament: Transforning the Role* (2003), Part 3; *Parlianenr's Watchdogs: At the crossroads*, ec ed. O. Gay and B. Wintrobe(2008), ch. 3.

〔66〕 Hansard, *Commons Debates*, 6th ser., ccciv, col. 69: 12 Jan. 1998.

〔67〕 Hansard, *Commons Debates*, 6th ser., cccii, cols 761 – 6: 19 May 1998.

“议会专员”的样板,如苏格兰情报专员,其管理、财政及责任,通过它及其管理团队苏格兰议会法人团体,一直深受争议,引发了对其管理方式的几次调查。[68]

98 ## 3.3 结论

权力下放,包括《1998 年苏格兰法》,可以看作一种“解决”(工党政府的观点),或者是“一个过程,而不是一个结果”(这个短语由前威尔士大臣罗恩·戴维斯[69]和杜瓦两人用过)。虽然没有一个宪法方案是静止的或最终的,但“解决”的观点暗示着,形成了一个坚定而又有效的改革共识,将之持续下去,逐步完善。

对于反权力下放者和一些民族主义者而言,权力下放是块垫脚石,能够加强而非减缓独立之路。对此类民族主义者来说,这是一个“双赢”的局面。如果权力下放在其有限范围内是成

---

〔68〕 就在写作本文的最近,苏格兰议会法人团体支持机构委员会的评论出来了,1st Report, 2009, SP Paper 266(Edinburgh, 2009)。

〔69〕 R. Davies, *Derlution: A Process Not an Event*, Gregynog Papers 2. 2, Institute of Welsh Affairs(Cardiff. 1999).

功的,就能提高苏格兰公众要求更多自治的欲望,或者因为任何失败归责于其有限性,结果一样。当时的工党议员塔姆·达利埃尔对反权力下放的联合主义者的立场做了最佳阐述:“不管怎么说,1997 ~ 1998 年的苏格兰法案并不是一种解决方案……我认为没有理由撤回在全民公投期间我日复一日地表达的观点,即不幸的是,我们走上一条通向独立国家但却没有出口的高速公路。”〔70〕

把权力下放看作一个过程并不一定相信“通向独立的垫脚石”这种说法,但是承认,在解决方案的基本框架内,随着“英国权力下放”经验的积累,必然要提炼和发展主要的宪法变革。有人看到被授权机构获得了更多的立法权和财政权,甚至在联合王国内出现新的宪法安排,如联邦主义。〔71〕 其他人倾向于把这个过程看作一个调整和强化现行制度的“滚动计划”。〔72〕

---

〔70〕 Hansard, *Commons Debates*, 6th ser., cccvii. cols 1080 – 1:4Mar. 1998.

〔71〕 The Steel Commission, *Moving to Federalism: A New Settlement for Scotland*, Report to the Scottish LiberalDemocrat Spring Conference (Edinburgh, 2006).

〔72〕 R. Hazell, 'The UK's Rolling Program of Devolution: Slippery Slope or Safeguard of the Union?', in *Reforming Parliamentary Democracy*, ed. F Seidle and D Docherty (Montreal, 2003), 180.

自1999年以来,尽管有政治上和表象上的危机,[73]苏格兰的权力下放进行得相当顺利,有一个超长期限的蜜月期。[74] 这主要是得益以下3个因素:

- 伦敦和爱丁堡的政府志同道合;
- 良好的经济和财政状况使执行受欢迎但成本高的政策(在英格兰,这点有争议),如为老年人提供个人护理和学生财政资助计划,成为可能;以及
- 权力下放没有遭遇严重的法律或政治质疑。

就在最近,随着2007年选举后出现了苏格兰民族党在苏格兰组建少数政府,经济不景气和公共财政开支紧缩带来的影响,
99 前两项因素已经改变了,并且,这些变革还可能激起对现行方案更为严重的法律和政治挑战。[75]

---

〔73〕 在哈路德建立一个新议会所遇到的复杂难题就是最好的例子。

〔74〕 B. Winetrobe, 'Scottish Devolution: Developing Practice in Multi-layer Governance', in *The Changing Constitution*, ed. J. Jowell and D. Oliver (6th edn, Oxford, 2007).

〔75〕 A. Trench, 'Scotland and Wales: The Evolution of Devolution', in *Constitutional Futures Revisited: Britain's Constitution to 2020*, ed. R. Hazell (Basingstoke, 2008).

2007 年哈路德选举结果改变了有关苏格兰宪法的辩论。过去几年威尔士的事情证明,尽管与苏格兰的情况大不相同,但由于公共舆论和政治压力,可能对权力下放的“解决办案”进行重大修改,即便英国政府最初几乎没有迹象愿意重新讨论这种问题。[76]

有关权力下放的主要评价以及未来苏格兰治理的选择都已经完成了,[77]苏格兰民族党政府已经着手其他方案。[78] 在过去几年里,威斯敏斯特委员会也已经审查了权力下放的方方面面。[79]

英国推动的所有改革都服从于通过全民公投或选举表达的明显或无法回答的独立要求。这些变革的出现从逻辑上都是当下成功的权力下放“解决方法”,同时又维持了联合王国。任何

---

〔76〕 *Report of the Richard Commission on the Powers and Electoral Arrangements of the National Assembly for Wales* (Cardiff, 2004): Government of Wales Act 2006.

〔77〕 The Scottish parliament/UK government-supported Calman Commission, which reported in June 2009: Commission on Scottish Devolution, *Serving Scotland Better: Scotland and the United Kingdom in the 21st Century*, Final Report(Edinburgh, 2009).

〔78〕 苏格兰民族党政府的“全民会谈”。

〔79〕 其中最新的事情是: The House of Commons Justice Committee, *Devolution: A Decade On*, Fifth Report of Session 2008 –09, HC 529 –1(2009), and the House of Lords Select Committee on the Barnett Formula, *The Barnett Formula*, lst Report of Session 2008 –09, HL Paper 139(2009)。

返回到1999年之前的想法，废除苏格兰议会和政府，都是不可思议的。这表明，至少在一定程度上，《1998年苏格兰法》的权力下放方案在苏格兰是成功了。

苏格兰权力下放不仅仅是苏格兰的问题。英国对苏格兰领土自治的态度是根本的，中央最终控制着权力下放计划，其优先性和不可或缺性在未来仍将继续有着巨大的甚至是决定性的发言权。[80] 这不仅仅是宪法制度的非对称性问题，如西洛锡安/英格兰问题或者巴奈特公式。只要英国中央政府压倒性的原则是维持住包括苏格兰在内的联合王国，那这就成为一个基本的政策评判尺度，任何的区域治理建议都将据此进行评估。

权力下放从20世纪90年代晚期开始在苏格兰出现，这有一系列原因，包括总体上宪法的"现代化"；更多的分权和政府民主责任制；[81]一种"不同于威斯敏斯特"的"新政治"，[82]以及对苏格兰治理变革要求的政治回应（特别是能够感受到苏格兰

---

〔80〕 鉴于本文目的，欧洲潜在的改革推动者没有列入考察范围。

〔81〕 M. Keating et al., 'Does Devolution Make a Difference? Legislative Output and Policy Divergence in Scotland', *Journal of Legislative Studies*, ix(2003), 110.

〔82〕 1998年法律的先例后来在英国语境下被使用，就像在《2009年议会标准法》中试图为议会立法规制设立一个标准一样，在交叉条款中考虑次国家级立法机关相对于威斯敏斯特的全国议会来说如何定位。

民族主义对联盟的威胁)。[83] 自 1999 年以来,苏格兰的权力下放一直相对稳定并受到欢迎,同时从刚刚概述的那些政治和宪法理由来看,也是相对成功的。 100

10 年后能否最终评判成功与否主要取决于前 10 年是否能呈现一种延长的蜜月期,这期间能够发现或检验权力下放中的主要瑕疵或缝隙。如果裂缝带来更严重的政治经济挑战,这可能是 1998 年法案缺乏坚固性的证据,如它责任分配上的不明确,20 世纪 90 年代后期新工党的骄傲自大就是典型,以及伦敦和爱丁堡在政治控制上持久的相互礼让。

尽管威斯敏斯特对苏格兰法案进行审查时有些肤浅和分歧,这可以解释各种意想不到的后果和依然未完成的事业,但它至少能负责对这个立法作出整体上的积极评价。然而,威尔士的经验证实,这种审查本身并不足以保障成功。这意味着苏格兰权力下放立法的"质量"保证中还有其他因素,上文讲述法案顺利通过和建设性审查时已经概述了许多。对于政府、议会和公众来说,未来准备和审查任何宪法性立法,这里或许都有一些经验教训。

---

〔83〕 S. Tierney, 'Giving with One Hand: Scottish Devolution Within a Unitary State', *International Journal of Constitutional Law*, v(2007), 572 – 97.

101 # 公开的羞辱:《1999 年上议院法》

亚历山大·凯尔索

作为20世纪最重要的宪法性立法之一,《1999年上议院法》几乎废除了所有上议院的世袭贵族议员,从根本上改革了威斯敏斯特议会第二院的组成。该法律成为1997年当选的工党政府宪政改革日程上的一个关键部分,尽管它在下议院拥有强大的多数,但事实证明,淘汰世袭贵族所面临的困难还是比最初想象的要大。本文旨在探究围绕这部法律的一些重要事件,它包括为形成该法律所牵涉的政治阴谋与种种交易、该立法在议会的流程以及为确保如此重大的宪政改革顺利进行而出现的错综复杂的过程。最后分析该法对工党在剩余任期内进一步改革第二院的影响。

关键词:保守党　选举产生上议院　世袭贵族　《上议院法》　工党政府　立法　议会　皇家上议院改革委员会　韦瑟里尔修正案

《1999 年上议院法》是 20 世纪英国制定的最重要的宪法性法律之一,因此要纳入本书之中。它(部分)完成了上议院改革中的一个关键环节,这是自《1911 年议会法》以来就设定的目标:从第二院中剔除世袭贵族。该法是在上议院改革两步走的方案之内。工党政府认为,该法能够废除第二院中最不民主的那一部分,然后对其组成问题进行明确定位,工党能联合予以支持。然而,该法通过之后的 10 年里,政策出现不稳定和混乱,导致后来的上议院改革过程杂乱无章,群龙无首,且具有讽刺意味的是,它事实上削弱了一项主要的宪政改革成果,给威斯敏斯特政治造成了持久且重大的影响。

1. 改革的理由

工党历史上对上议院始终是坚持高度灵活的政策,而且,迟至 1983 年,在竞选纲领中宣布要整体废除上议院,把威斯敏斯特重新改造为单一制议院。[1] 事实证明,由保守党主导的世袭
102 贵族占据上议院,是工党政府战后遭遇大量挫折的根源,不管是政策问题还是原则问题,都是如此。世袭的上议院不但触犯了工党追求的民主化,而且上议院里数量明显不足的工党议员发现,不管他们追求制定的法律价值是什么,都很容易被否决。[2] 20 世纪七八十年代,工党中普遍认为,第二院很容易就能阻止左翼政府的愿望,与其耗费能量和政治资本来改革它,不如来个更加明智的选择,直接把上议院废掉,反而专注于改革民选产生的下议院的种种惯例与程序,政府就在下议院中。

但是,到了 1992 年,政党政策明显改变了,一院制被抛弃了,转而倾向支持一个选举产生的上议院。[3] 这种转变反映了工党内部逐步致力于更加广泛的宪政改革,这股力量由工党首领约翰 · 史密斯领导,接着由影子内阁大臣戈登 · 布朗公开表述,他呼吁制定一项新宪法方案,包括对“站不住脚”的非选举

---

〔1〕 Labour Party, *The New Hope for Britain*(1983).

〔2〕 Michael Wheeler-Booth, 'The House of Lords', in R. Blackburn et al., *Griffith and Ryle on Parliament Functions, Practice and Procedure*(2003).

〔3〕 Labour Party, *It's Time to Get Britain Working Again* (1992).

产生的上议院进行改革,但是还包括权力下放、吸纳《欧洲人权公约》和信息公开在内的一系列具有内在连贯性的改革方案。[4] 到了 1997 年,这些方案进一步融入工党的政策根基之中,"洁净"政治和促进民主革新的努力为托尼·布莱尔和戈登·布朗倡导的新工党奠定了基石。与前几年相比,1997 年竞选纲领致力于上议院的政策具有了相当广阔的空间,然而,这也表明自 1992 年以来另一项重要转变已经发生了:

> 上议院必须改革。作为率先进行的独立改革,不依赖未来的进一步改革,世袭贵族进入上议院并参与投票的权利应通过立法终止。这将是使上议院更加民主化和具有代表性的系列改革中的第一步……由议会两院任命一个委员会,对未来更广泛的进一步改革进行评估,提出改革建议。[5]

关于 1997 年工党竞选纲领中值得注意的一个基本要点是,并没有提到需要创建一个选举产生的第二院。改革的承诺只限

---

〔4〕 G. Brown, 'The Servant State: Towards a New Constitutional Settlement', *Political Quarterly*, Lxii (1992), 94 – 403.

〔5〕 Labour Party, *New Labour: Because Britain Deserves Better*(1997).

于废除世袭贵族议员。然而,1992 年的纲领则明确表示工党的意图是要选举产生上议院,1997 年的纲领回避了此议题,只用
103 了相当模糊的语言说要让上议院“更加民主化和具有代表性”,但这一点在实践上意味着什么,又完全避而不谈。纲领的实用主义体现在把改革分为两个阶段,实质上改变了改革的形势。20 世纪大多数时候,关于上议院改革的辩论都被两个矛盾的确定的内容弄得头痛不已:确定现代代议制民主与世袭原则不相容,而同时又确定用什么来取代它无法达成一致。到 1997 年,工党领导人决心解决此事,他们认为摆脱这种僵局的简单方式就是废除世袭贵族出席议会并投票的权利,因此消除上议院最令人不适的一面,接着开始思考更棘手的上议院组成改革问题。这种上议院改革政策也表明,废除世袭贵族并不意味着进一步改革是必要的或是有保证的,而后者对于执政党来说是大量政治烦恼的源头所在。

当时,就上议院改革而言,1997 年的工党纲领及其分两步走的方法从政治现实主义来看是了不起的。它认可了过去 100 年的教训,在上议院改革问题上没有达成共识,但即便如此,还是致力于废除世袭贵族议员,因此证明即将上任的政府具有民主信誉。1968 ~ 1969 年工党在执政中已经试图对第二院进行

全盘性改革,[6]并且以跨党派的方式这么做了,但最终以失败告终,并身陷尴尬。如果想确保某种改革,就只能依靠自己成员的支持。"两步走"方案能使未来工党政府利用本党支持废除世袭贵族议员,一旦成功跨过了第一座桥后,才能以跨党派基础考虑未来的改革。事实上,因为很难为世袭原则辩护,所以废除世袭贵族好像是一个相对简单容易的宪政改革。不过,就像工党政府发现的那样,此事既不容易又不简单,而更为关键的是,它不是没有政治代价。

差不多在野 20 年后,1997 年当选的新工党政府有大量改革方案想要落实,其宪政改革与之前新政府追求的不同。因此,最初的落实情况受限于第一个议会会期能确保通过什么法律,政府又不得不考虑其承诺,到目前为止,最重要的宪法改革措施是权力下放,和较小程度上的人权。结果,1997 ~ 1998 年的第一个会期很大精力都是为这些政策立法,[7]内阁决定上议院改革延迟到 1998 ~ 1999 年的第二个议会会期。这个推迟决定可

---

〔6〕 See Janet P. Morgan, *The House of Labour Government 1964 – 1970* (Oxford, 1975), ch. 8.

〔7〕 See Matthew Flinders, 'The Half-hearted Constitutional Revolution', in *Developments in British Politics 8*, ed. P. Dunleavy et al. (Basingstoke, 2006).

能是随后上议院改革过程中的一项关键性因素。1997 年保守党遭遇重大挫折,使其在下议院处于一种令人震惊的凌乱状态,
104 工党政府第一年提交的任何议案,保守党几乎都无法提出有意义的反对意见。[8] 如果执政的工党政府在第一个会期着手进行废除世袭贵族的立法,这里叙述的上议院法的故事很有可能会大不相同。然而,事实是政府确实推迟了,而且这样做,给保守党时间,使之能歇口气,并准备战斗。

2. 商谈改革进程

兑现竞选纲领中的承诺开始于 1998 年的女王演讲,许诺立法“废除世袭贵族出席上议院并投票的权利”,再一次确定这“将是使上议院更加民主化和具有代表性系列改革中的第一步”。[9] 女王演讲也背离了纲领中的承诺,声称要设立一个皇家委员会“审查进一步的改革举措,并加快推进改革”。事实上,竞选纲领承诺设立一个议会两院联合委员会,这在制度结构

---

〔8〕 Wheeler-Booth, ‘The House of Lords’, 654.

〔9〕 Hansard, *Lords Debates*, 5th ser., dxcv, col. 4: 24 Nov. 1998.

上迥异于皇家委员会,后者传统上会为了达成共识走得很远,并且容易受政府控制,因为任命权是动态变化的。

政府废除世袭贵族的计划及其之后有关上议院组成的进一步改革,从实现变革的角度来说完全是最好的选择,但是,它遭遇了一项重要的攻击。反对党领袖威廉·黑格将政府废除世袭贵族的改革计划视作“对宪法的蓄意破坏”,他认为,在进行第一阶段改革之前,人民想要听听皇家委员会的结论。黑格因而充分利用了两步走的“软肋”,为保守党反对政府方案奠定了基础。他断言说:“首相不想等待皇家委员会的理由是清楚的:他从未打算对上议院进行适当的改革,他真正想的是建立一个只对他负责的狐朋狗友议院。”[10]下议院里关于女王演讲的辩论双方在推理路线上的分歧还在继续,诺曼·福勒爵士争辩说,政府的意图是“要引进一个由被委任者和政客组成的议会:一个巨大的穿着貂皮大衣的半官方机构”,这种机构不可能给政府施加压力,因为那些被委任者“非常满意于他们所分到的那部分份额”。他认为,不管是在政府白皮书还是在皇家委员会的

〔10〕 Hansard, *Commons Debates*, 6th ser., cccxxi, col. 24:24 Nov. 1998.

结论之前,继续进行这种立法都是“极端荒谬的”。[11]

反对派还能够充分利用一个事实,即 1998 年夏天,上议院里政府方面的领袖理查德勋爵因为跟首相及大多数内阁成员存在冲突,过于强烈支持一个实质由选举产生的上议院遭到解
105 雇。[12] 例如,保守党议员肯尼思·克拉克是知名的民选第二院议员的支持者,但在这种情况下还是为上议院改革辩护,[13]关于民选上议院议员的价值,富有策略地阐述了政府内部很深的分歧。加上推定的第二阶段改革还缺乏清楚的方案,这就为上议院法案的立法过程铺平了道路。

1999 年 1 月 19 日,上议院法案正式提交到下议院,但该法的争议性在此之前就已经充分显露出来了。整个 1998 年,由首相提议,上议院里工党和保守党领袖们(分别是理查德勋爵和克兰伯恩勋爵)进行了多次秘密会谈,希望找到两党都能接受

---

〔11〕 Hansard, *Commons Debates*, 6th ser., cccxxi, cols 560, 564, 565: 30 Nov. 1998.

〔12〕 Donald Shell, ‘Labour and the House of Lords: A Case Study in Constitutional Reform’, *Parliamentary Affairs*, liii(2000), 290 – 310.

〔13〕 Hansard, *Commons Debates*, 6th ser., cccxxi, col. 580: 30 Nov. 1998.

的改革路径。[14] 最大的担忧是保守党可能会放弃索尔兹伯里惯例,在第二院反对该项立法,这样迫使政府为了废除世袭贵族,必须利用议会法。而这正是政府一心想要避免的拖延了的宪法争论。此外,政府希望秘密协商能为可能的“重磅”改革打下基础。为了换取保守党至少支持部分民选产生第二院,政府可以推迟废除所有的世袭贵族。[15] 但是,工党政府对选举产生上议院的价值尚还缺乏共识,首相本人对此亦持保留态度,这意味着两党关于未来上议院组成的对话难有成效。

尽管如此,这些对话还确实在减少世袭贵族方面取得了成功。随着理查德勋爵被撤职,卡兰伯恩勋爵与欧文勋爵一起共事,他承诺化解保守党贵族议员破坏政府改革日程(通过投票推翻废除世袭贵族的计划)的威胁,作为交换允许其中一些世袭贵族留在议会。1998 年 11 月,卡兰伯恩获得政府同意,保留 92 位世袭贵族。这包括通过只有世袭贵族议员才有资格参加的选举产生 75 位贵族,占世袭贵族总数的 1/10;再由全体贵族

〔14〕 Michael Cockerell, ‘The Politics of Second Chamber Reform: A Case Study of the House of Lords and the Passage of the House of Lords Act 1999’, *Journal of Legislative Studies*, vii(2001), 119 – 34.

〔15〕 Shell, ‘Labour and the House of Lords’, 298.

议员选举产生15位供职于重要岗位(如副议长)的世袭贵族,确保过渡期议会功能不受影响;还有两个世袭的国家官员:王室典礼大臣和主礼大臣。

但是,当他自己的影子内阁拒绝支持由他和欧文合作的方案时,弄得克兰伯恩措手不及。[16] 克兰伯恩不可能被搪塞过
106 去。“他自己悄悄溜进唐宁街10号,直接与托尼·布莱尔讨论这个问题”。[17] 这次会谈达成了最终协议,只要允许一些世袭贵族继续留在上议院,保守党贵族议员就不反对政府的改革方案。然而,据说保守党领袖威廉·黑格对克兰伯恩与布莱尔的秘密会谈完全蒙在鼓里,待他察觉此事后,试图在1998年12月2日向首相质询时把这个交易曝光出来。大多数工党议员还是第一次知道这个保留一些世袭贵族的交易,[18] 但是这个试图在工党内部挑起内斗的策略未能得逞,因为布莱尔非常简单地指出,即使保留一些世袭贵族议员,也是因为上议院保守党领袖同意这样做。布莱尔粉碎了黑格试图阻挠这个交易的意图,指出:

---

〔16〕 Shell, ‘Labour and the House of Lords’, 300; Cockerell, ‘The Politics of Second Chamber Reform’, 124.

〔17〕 Cockerell, ‘The Politics of Second Chamber Reform’, 124.

〔18〕 Shell, ‘Labour and the House of Lords’, 300.

即使世袭的保守党贵族做好了准备,同意变革,令人尊敬的右翼绅士们也未必。他自我革命,这是极其荒谬的……我们有机会适当地改革上议院,确立一个废除世袭贵族的方案,但我们只能在尽可能达成广泛共识的基础上进行。如今这一点很清楚,即使我们和上议院保守党领袖谈,我们也无法确定,这个保守党领袖赞同这种想法。[19]

接下来的无异于政治闹剧。虽然黑格因为卡兰伯恩未经其批准就与托尼·布莱尔做交易而将他解雇,任命了斯特拉斯克莱德勋爵作为继任者,此人对克兰伯恩的交易不但知情而且支持,但他受黑格之命接受这个职位。因此,在法案送到议会之前,整个程序已经在争议中乱成一锅粥,废除世袭贵族的基本任务已经极富争议。

尽管如此,上议院立法阶段开始时,新领袖女男爵杰伊已经确保跨议席贵族议员威瑟里尔勋爵会合作,提出获得克兰伯恩和欧文认同的修正案,继续保留 92 位世袭贵族。威瑟里尔一直沿着相似的路线在制定自己的修正案,但被说服用克兰伯恩 -

---

〔19〕 Hansard, *Commons Debates*, 6th ser. , cccxxi, col. 876;3 Dec. 1998.

欧文方案来取代,因为他在上议院的资历和身份有助于推动该修正案追寻的共识。随着该修正案得到跨党派议员的支持,保守党贵族就更容易弃权,确保该项立法顺利通过,不致引起不适当的宪法混乱。因此,1998 年 12 月公布了政府白皮书,简要说明了废除世袭贵族,并设立一个皇家委员会着手未来改革,承认如果第一阶段的改革双方能达成共识,确保安全进行,就接受修正案,保留 92 位贵族议员。[20]

107 3. 下议院的立法过程

上议院法案特意制定得很简短,最重要的一条明确规定:"任何人都不能凭世袭贵族身份成为上议院议员。"1999 年 2 月 1~2 日,法案在下议院进行二读辩论。尽管下议院领袖玛格丽特·贝克特基于法案在废除世袭贵族问题上显得"精致质朴"而推崇之,[21]还有许多工党议员在世袭贵族这个有限的问

〔20〕 Cabinet Office, *Modernising Parliament: Reforming the House of Lords*, Cm. 4183(1999).

〔21〕 Hansard, *Commons Debates*, 6th ser., cccxxiv, col. 609: 1 Feb. 1999.

题上贡献才智,但是,大部分辩论集中在两个疑难问题上:第一,威瑟里尔保留一些世袭贵族的修正案居心何在;第二,第一阶段改革之后更富争议性的事务是什么。

事实证明,保留一些世袭贵族的修正案仍然是极具争议。玛格丽特·贝克特承认接受了上议院跨党派议员提出的保留 92 位世袭贵族修正案,并坦诚说政府"愿意接受它"是为了其余立法项目不会遭受阻挠。[22] 不过,她也直白地说,如果下议院提出一个类似措辞的修正案,政府是不会接受的。[23] 表面上,这样做的理由是确保上议院在这个问题上有良好表现。然而,政府为何接受这个修正案,而不是从一开始就将它纳入立法之中,整个问题很好地说明了存在反对力量,保守党有能力制衡上议院法案。在提出修正案上,保守党资深贵族议员扮演了不可或缺的角色。不过,下议院的保守党议员能够利用政府允许第二院限制其宪法性立法的意愿,不会招致对自身意见不一的指责,原因恰在于下议院保守党领袖没有参与协商过程。保守党在这个问题上的奇怪立场意味着这有点具有讽刺性,政府自己

〔22〕 Hansard, *Commons Debates*, 6th ser., cccxxiv, col. 609: 1 Feb. 1999.

〔23〕 Hansard, *Commons Debates*, 6th ser., cccxxiv, col. 610: 1 Feb. 1999.

认为世袭贵族“完全、整个地、真正地毫无防备”,[24]而同时又捍卫保留一些世袭贵族议员,在不知期限的过渡期内保持不变。

第二个有争议问题贯穿于整个二读辩论,涉及废除世袭贵族后的改革程序。例如,保守党议员约翰·伯考问玛格丽特·贝克特,“她是否期望在她的政治任期内完成这项改革”,对此她给予了肯定回答,[25]一个在那时看来不可靠的答复,10 年后回望就显得更不可靠了。但事实上,这是所能给出的唯一回应。尽管贝克特认为,一旦世袭贵族议员身份处理好了,保守党对第
108 二院的影响至少在某种程度上能够得到控制,[26]第二阶段的想法就能有效进行下去,事实上,这仍然是一个全新的主张,证明了跟保守党贵族议员达成的妥协是合理的,并且,这从未成为工党政府方案中的一部分。在这方面,政府也发现在整个议会制定上议院法案过程中,自己深陷令人不快的政治旋涡,主要因为法案是一个妥协,明显违背了工党纲领中的许诺。下议院辩论时的语调掩盖了政党之间以及政党内部对这个问题的深切关注,最明显的是工党,毕竟,截至 1998 年 12 月时,其党员一直认

〔24〕 Hansard, *Commons Debates*, 6th ser., cccxxiv, col. 611: 1 Feb. 1999.
〔25〕 Hansard, *Commons Debates*, 6th ser., cccxxiv, col. 612:1 Feb. 1999.
〔26〕 Hansard, *Commons Debates*, 6th ser., cccxxiv, col. 616: 1 Feb. 1999.

为他们要将所有的世袭贵族从第二院中清除出去。当意识到这至少短期内不再是执政党的官方政策时,许多工党议员开始质疑工党改革上议院长期承诺的真实性。

从根本上说,尽管政府的政治策略是分两步走,但拒绝表述完全改革后第二院最终的样子,并为其辩护,这为下议院里的反对党提供了更多的口实。当然,政府解释说,它之所以没有表明偏好,是等皇家委员会的调查结果,而且“要求考虑所有事项并阐述最终结果,这本身就很无礼”。[27] 在某种程度上,上议院法案在提交之前就已经是一项议会完成了的交易,唯一可行的反对策略是放弃所有对世袭制的辩护(其实,1997 年竞选中保守党已经为上议院世袭制辩护过),转而集中于工党内部关于日益具有象征意义的第二步改革所出现的明显分歧。而且,二读辩论证实,工党内部关于完全改革后的第二院其结构组成看起来如何观点分歧。辩论中罗列出来的方案多不胜举,包括选举和任命相结合的产生方式,至于选举产生的议员如何影响议会的正当性观点纷呈,所有这些都说明,政府如果不能确保后座议员的支持,谋求在未来某个时间点实现单一组成,会有多大困

〔27〕 Hansard, *Commons Debates*, 6th ser., cccxxiv, col. 696: 1 Feb. 1999.

难。那时提出创设一院制议会是相当敏感的,[28]对后来的改革过程也会产生重要影响。而且,一旦皇家委员会的报告公开发表了,政府对其建议的遵循程度就要受到监督审查。如果政府不顾皇家委员会的报告,计划寻求某种特定的改革策略,[29]那设立这个委员会是否有用?前首相约翰·梅杰在辩论开始的第二天就指出了这一点。在这一点上,资深工党议员托尼·本指出,假如皇家委员会和未来任何联合委员会所提供的建议“特
109 别复杂”,并且,改革议院组成需要“复杂立法”,那真正担心的是这个过渡性议会“将会成为永久的解决方案”。[30] 尽管如此,存在巨大分歧的二读仍然让政府看到了一个满意的结果,法案以 381∶135 的得票获得通过。1999 年 3 月 16 日三读辩论后以 340∶132 的得票通过。

〔28〕 Hansard, *Commons Debates*, 6th ser., cccxxiv, col. 644; 1 Feb. 1999.
〔29〕 Hansard, *Commons Debates*, 6th ser., cccxxiv, col. 746; 2 Feb. 1999.
〔30〕 Hansard, *Commons Debates*, 6th ser., cccxxiv, col. 746; 2 Feb. 1999.

4. 上议院立法过程

1999 年 3 月 17 日,上议院法案顺利送到第二院,事情变得愈加复杂,正是在立法过程中,法案内容遭遇最重大的改变。克兰伯恩勋爵在二读开幕演讲中指出,整个改革过程中唯一可以肯定的是“没有人希望这部法案以这种形式成为法律”,[31]接着继续保守党对立法的批评,指责它越过皇家委员会,政府必须在着手开始第一阶段之前阐述第二阶段涉及的事情。克兰伯恩也强化威瑟里尔修正案的基础,指出保留一些世袭贵族能确保政府必须完成改革过程,同时又安慰保守党世袭贵族,认为修正案“远不足以使法案可被接受”。[32] 威瑟里尔勋爵为这个署有其名的修正案辩护,理由是它在第一阶段起着促进作用,对此阶段政府有过非常明晰的承诺,而且它“对政府继续认真进行第二阶段提供了某种程度的保证”。[33]

---

〔31〕 Hansard, *Lords Debates*, 5th ser. , dxcix, col. 17: 29 Mar. 1999.

〔32〕 Hansard, *Lords Debates*, 5th ser. , dxcix, col. 20: 29 Mar 1999.

〔33〕 Hansard, *Lords Debates*, 5th ser. , dxcix, col. 215: 30 Mar. 1999.

然而,威瑟里尔修正案并不是上议院思考的唯一问题。当时还是 BBC 新闻记者的米切尔·科克雷尔把废除世袭贵族作为一个纪录片来观察,他将立法团队的工作概括为试图处理好世袭贵族们——“这些昔日议会程序的主人”——提出的种种修正案。[34] 福尔克纳勋爵告诉科克雷尔说,“反对派在这个法案中所运用的方式,不同于我曾见到过的其他所有法案,激烈的法律辩论令人难以置信,提出了许多坦率、疯狂的法律见解”。其中之一是由厄尔·弗勒斯伯爵提出的修正案,涉及在单词“世袭”之前是冠予“a”还是“an”,立法团队和上议院别无选择,只能消耗时间讨论这样一个修正案,以确保此项立法能经受住法律审查。

然而,可能更重要的是两个关于法案具有广泛影响的特定问题,这些问题拖延了法律的批准进程。第一个涉及法案中提到世袭贵族时所用的语言和传唤令状的合法性问题。特怀斯登
110 的梅修勋爵说这些用词“效果不确定,如果法案通过,会让大多数世袭贵族的地位不确定”。[35] 第二个问题是上议院法案一旦通过,是否会违背 1707 年的联合条约。格雷勋爵认为,英格兰

〔34〕 Cockerell, ‘The Politics of Second Chamber Reform’, 127 – 8.

〔35〕 Hansard, *Londs Debates*, 5th ser. , dciv, col. 1397: 27 July 1999.

和苏格兰之间联合统一的一个基本条件是确保后者在上议院拥有世袭代表,如果没有这种代表,就违背了联合条约。[36] 上议院将这些问题提交给特权委员会。虽然这个委员会裁决尚无回答这些问题的先例,[37] 直到夏季休会后,都没有提交报告,因而等这些法律问题解决得令上议院都满意时已经是 1999 年 10 月了。

虽然如此,上议院法案中具有实质意义的内容还是被修改了,不仅是政府接受了保留 92 位世袭贵族的威瑟里尔修正案,而且因为这项修正案的细微差别及其更长期限的寓意。政府并不希望这个简短的法案由于为保留的世袭贵族所做的选举安排而变得复杂,遂将这个问题转交给上议院程序委员会,后者在 1999 年 7 月提交了报告,并概述了新的规则,以便利威瑟里尔修正案获得通过。[38] 这些新规则实际上包含一系列复杂的选举设计,规定 15 个议席保留给重要职位,由全体贵族议员选举

---

〔36〕 Hansard, *Lords Debates*, 5th ser. , dciv, col. 1420: 27 July 1999.

〔37〕 House of Lords Select Committee for Privileges, First Report of Session 1998 – 99, HL Paper 106(1999); Second Report of Session 1998 – 99, HL Paper 108 (1999).

〔38〕 House of Lords Select Committee on Procedure of the House, Third Report of Session 1998 – 99, HL Pper 81(1999).

产生,剩下的75席在各政党间分配,由世袭贵族从各党中选举产生。不过,威瑟里尔修正案还保证,保留的世袭贵族去世后,通过选举的方式来替补空缺,被排除出去的贵族有资格担任候选人。设计这种机制是为了确保到第二阶段改革安全进行之前,第二院里的世袭议员总数稳定在92位,随着时间的推移,保留的世袭贵族死后,席位依然可以保留。

唐纳德·谢尔谈到这种为世袭贵族量身定制的选举机制时说,"已经通过的主要宪政改革措施使这一条毫无意义","上议院程序委员会报告中提出的这些规则绝对是该机构历史上发表的最滑稽可笑的文件之一"。[39] 事实上,阅读程序委员会有关这个议题的会议记录,以及是否让终身贵族参加选举的各种分析,很难不认为整个事情在某种程度上就是个宪法笑话。然而,政府急切要通过上议院法案,显然很担心世袭贵族可能在最后时刻突然转向,投票否决整件事情,所以好像很愿意接受议会提
111 出的各种愚蠢问题,这肯定让那些老奸巨猾的世袭贵族欢天喜地。不过,威瑟里尔修正案中加入这些条款确保上议院在三读中以221∶81的得票通过了这个法案,大量保守党世袭贵族议员

[39] Shell, 'Labour and the House of Lords', 305.

弃权。

5. 宪法后果和对议会的影响

1999年11月11日上议院法通过。最离奇当然也最意外的后果之一,是将一种非常不确定的民主形式带入第二院。虽然依法剥夺了世袭贵族出席上议院并投票的权力,但是根据同一部法律,他们依然有可能获得议员身份,只要他们的世袭贵族同事在1999年选举中投票支持他们,或者在某个保留世袭贵族死亡后的补缺选举中支持他们。如果工党原初意图是彻底废除所有的世袭贵族,落实成最终的这种安排表明非理性恐惧已经抓住了执政才一年的工党政府。尽管工党在下议院拥有绝对多数,完全可以利用来执行竞选纲领中的承诺,然而,工党政府单方面从废除世袭贵族这种很有限的任务中撤退了,而且从现代代议制民主的视角几乎是不可能反对这种任务。工党政府如此渴望达成共识,因之避免走向唯有利用议会法才能解决的宪法死胡同,以致根本就没有停下来考虑,如果试图将世袭贵族从第二院中驱逐出去,世袭贵族阻挡政府立法计划之后又会怎样。

鉴于当时工党深得人心,如果采用这种战略,除了导致公众对世袭贵族的强烈抵制,给政府带来毫不含糊的胜利,增加其政治资本之外,还会有别的什么后果。

然而,上议院法通过后,第二阶段改革是什么,如何进行,依然是超级复杂的问题。从第二院排除世袭贵族之后10年里,尽管曾有改革它的意图,但对其组成并没有进一步的改革。根据"两步走"方案设计上议院改革,(部分)确保第一步完成之后,必然导致对第二步的不断质疑。皇家委员会于2000年1月公布了上议院改革报告,建议上议院主要由任命产生。[40] 这份报告并没受到媒体关注,[41]政府后来也没有致力于让选举产生的
112 议员在改革后的上议院里占据少数。[42] 2002年,下议院改革派领袖罗宾·库克试图任命一个上议院改革联合委员会来推倒政府任命上议院议员的政策,[43]此时距离其在1997年竞选纲领中作出承诺业已有6年。2002年2月公布的下议院公共管理

〔40〕 Royal Commission on the Reform of the House of Lords, *A House for the Future*, Cm. 4534(2000).

〔41〕 Alexandra Kelso, *Parliamentary Reform at Westminster* (Manchester, 2009), 162.

〔42〕 Cabinet Office, *The House of Lords: Completing the Reform*, Cm. 5291 (2001).

〔43〕 Robin Cook, *The Point of Departure*(2003), 78.

委员会报告确定议员们中间有关第二院改革的“重心”是至少 60% 的上议院议员由选举产生。[44] 基于这个发现,联合委员会的任务构建不同的组成方案,概述每种方案的优劣,为议会选择做准备,库克希望,由此产生一个明确表示大多数议员都接受的上议院构成方案。联合委员会的报告[45] 概括列举了 7 种可选方案,从完全任命到完全选举,中间有不同的混合比例(如 60% 选举产生,40% 任命产生,反之亦然)。2003 年 2 月 4 日,议会就这份报告进行了辩论。然而,下议院无法就任何一种方案达成一致,拟议方案中没有一种赢得多数,尽管 80% 的方案仅仅以 3 票之差落败。[46] 整个过程最终以闹剧收场,表明下议院笼罩着一种焦虑,一个选举产生的第二院对其自身的民主正当性意味着什么,而且这种原始政治能在一定程度上预示 2003 年的选举结果,保守党的工作主要是让政府在整个上议院改革事务上难堪,关键性的少数议员倡导一院制方案,对此方案的支持力

〔44〕 Public Administration Select Committee, *The Second Chamber: Continuing the Reform*, Fifth Report of Session 2001 – 02, HC494 – 1(2002).

〔45〕 Joint Committee on House of Lords Reform, *House of Lords Reform*, First Report of Session 2001 – 02, HI Paper17, HC 171(2002).

〔46〕 I. McLean, A Spirling and M. Russell, ‘None of the Above: The UK House of Commons Votes on Reforming the House of Lords, February 2003’, *Political Quarterly*, Lxxiv(2003), 298 – 310.

度使前排议员感到震惊。[47] 2007年3月，首相布莱尔在威斯敏斯特的职业生涯即将结束之时，又遭遇了类似难堪，下议院又进行了一次投票，尽管赞同一院制的议员为了使政府事情复杂化采取的战略性投票抬高了人气，但此次支持第二院100%或80%由选举产生分别多出了113票和38票。[48] 支持选举产生上议院不但是2003年结果的大逆转，而且对布莱尔来说也是一种重大怠慢。他本人偏好第二院主要由提名任命产生，在其整个首相任期内故意拖延进展。这还与即将到任的新首相戈登·布朗的想法不谋而合，他个人比较偏好选举产生上议院，这点众所周知。尽管如此，直到他首相任期接近尾声，通过2008～2009年的《宪政改革与政府治理》才解决上议院问题。然而，这不是要进入第二阶段，甚至不是从速完成第一阶段，反而是确保结束世袭贵族递补选举过程这个更加有限的任务，通过自然消亡促进最终废除。最终在会期结束时议会“清理”活动中这些条款也没能幸存。

113 因此，虽然工党政府在1997年即将上任时许诺要废除所有世袭贵族，接着考虑更根本的上议院构成改革，但事实是，在其

[47] Kelso, *Parliamentary Reform at Westminster*, 175.
[48] Kelso, *Parliamentary Reform at Westminster*, 179.

任期结束时,一个主要的争论点还是议会里继续保留一些世袭贵族,并且,政府完全缺乏继续这个改革的政治意愿。事实上,如果政府在上议院改革问题上像对权力下放一样坚决,那威斯敏斯特今天的面貌就会截然不同,而且第二院改革的讨论基础也会大为不同。

《1999 年上议院法》的另一项后果具有略微不同的含义。在某种程度上,第二阶段改革缺乏清晰的规划,第一阶段的反对者在议会辩论阶段能够争辩说,上议院法将世袭贵族从第二院清除出去,留给“正在任上的首相更大的权力,使第二院沦为支持执政者的政治机器”。[49] 第一阶段改革只会创制一个“托尼之友”的议会,工党乐意维持,因为在立法问题上过渡时期的上议院是能轻易击败的对手。这个想法在 1999 年法案制定时令人信服,但事实并非如此。研究表明,改革后的上议院远远不是更加顺从的议院,自从排除多数世袭贵族之后它就变得更加坚定自信,对政府政策日益产生重要影响,在立法上比下议院还能

---

〔49〕 Hansard, *Commons Debates*, 6th ser., cccxxiv, col. 643; 1 Feb. 1999.

提供更多的监督。[50] 虽然上议院的正当性还是个难题,[51] 但即便如此,终身贵族好像感觉比世袭贵族少了拖累,更愿意履行属于第二院的议会职能。

这已经影响了正在进行的关于第二院改成什么样子的讨论。随着上议院在立法过程中日益展示其价值,那些反对选举产生议院的人现在掌握着越来越多的证据,证明威斯敏斯特任命产生的议院所具有的能力和功效,那些支持选举产生议院的人必须提出格外令人信服的理由来反驳这些证据。因此,《1999 年上议院法》以及内含的"两步走"改革,主要后果是产生了一个过渡性的议会,并有巨大的能量来证明自己的功用。即便如此,虽然继续进行第二阶段改革失败了,但从第二院中清除大多数世袭贵族本身就代表对威斯敏斯特的一次重大宪政改革,并证明议会改革不需要总是呈递增状态。

〔50〕 M. Russell and M. Sciara, 'The Policy Impact of Defeats in the House of Lords', *British Journal of Politics and International Relations*, x(2008), 571 – 89.

〔51〕 A. Kelso, 'Reforming the House of Lords: Navigating Representation, Democracy and Legitimacy at Westminster', *Parliamentary Afairs*, lix(2006), 563 – 81.

索　引

（索引页码为原著页码）

图书在版编目(CIP)数据

英国宪法百年经纬 / (英) 菲利普・诺顿主编 ; 刘练军译. -- 北京 : 法律出版社, 2022
(英宪精义)
书名原文: A Century of Constitutional Reform
ISBN 978-7-5197-5098-5

Ⅰ. ①英… Ⅱ. ①菲… ②刘… Ⅲ. ①宪法-英国-文集 Ⅳ. ①D956.11-53

中国版本图书馆 CIP 数据核字(2020)第 215946 号

英国宪法百年经纬
YINGGUO XIANFA BAINIAN JINGWEI

[英]菲利普・诺顿 主编
刘练军 译

策划编辑 沈小英
责任编辑 刘晓萌
装帧设计 李 瞻

出版发行 法律出版社
编辑统筹 法治与经济出版分社
责任校对 王晓萍 王语童
责任印制 吕亚莉
经 销 新华书店

开本 A5
印张 9 **字数** 183 千
版本 2022 年 3 月第 1 版
印次 2022 年 3 月第 1 次印刷
印刷 北京中科印刷有限公司

地址:北京市丰台区莲花池西里 7 号(100073)
网址:www.lawpress.com.cn
投稿邮箱:info@lawpress.com.cn
举报盗版邮箱:jbwq@lawpress.com.cn

销售电话:010-83938349
客服电话:010-83938350
咨询电话:010-63939796

书号:ISBN 978-7-5197-5098-5 **定价**:93.00 元

凡购买本社图书,如有印装错误,我社负责退换。电话:010-83938349